新　潮　文　庫

近　親　殺　人

家族が家族を殺すとき

石 井 光 太 著

新　潮　社　版

11850

はじめに――家族に殺される

二〇一九年六月一日、午後三時半頃、警視庁通信指令センターの一一〇番通報の着信が鳴った。センターの係員が応じると、年老いた男が狼狽《ろうばい》するような口調で言った。

「あの……、私、熊澤《くまざわ》と申します。息子を（包丁で）刺し殺しましたので、自首したい。長い経緯があるのですが……。何回も刺し、殺しました。もう動かないです。三度くらい殺されそうになりまして。本気でかかってきて。（包丁は）遺体のそばにあります」

電話を掛けたのは、農林水産省で事務方トップの事務次官を務めた経歴をもつ熊澤英昭《ひであき》（七十六歳）。世に言う元農水事務次官長男殺害事件の第一報だった。

英昭は東京大学法学部を卒業後、華々しいエリート官僚の道を歩み、事務方の頂点に上り詰めた人物だ。退官後は駐チェコ特命全権大使も務めた。だが、その私生活では、引きこもりの長男のことで悩む一人の父親だった。

長男の英一郎《えいいちろう》（四十四歳）は、英昭が三十代前半の頃に産まれた長男だった。幼い頃から人付き合いが下手で、トラブルを起こすことも多々あった（四十歳を過ぎて発達障害だと診断される）。中学校時代にはいじめにも遭った。

大学中退後、彼は引きこもり同然の生活をはじめ、家庭内暴力を振るうようになる。それは母親に向けられることが多く、肋骨《ろっこつ》にヒビが入ったり、鉛筆が手のひらに突き刺さったりといった大怪我《おおけが》につながるほどだった。母親は恐怖と絶望でうつ病を患《わずら》う。

英一郎は親の支援を受けてアパートで一人暮らしをしたこともあったが、実家との行き来は依然としてあった。妹も若い頃から兄の英一郎に振り回され、大人になってからはそのせいで縁談が破談した。やがて、彼女は自ら命を絶つ。

四十歳を過ぎても、英一郎の言動に落ち着きは見られなかった。英一郎はＳＮＳ上に次のような言葉を残している。

〈勝手に親の都合で産んだんだから死ぬ最期《さいご》の１秒まで子供に責任を持てと言いたいんだ私は〉

事件の少し前、両親は英一郎との同居を再開していた。その時も家庭内暴力はつづいており、二人は体中がアザだらけになり、二階の部屋に食料を持って身をひそめる生活を余儀なくされていた。

事件当日は、近所の小学校で運動会が行われていた。英一郎はその音に腹を立てて「社会的事件を起こす」と言い出した。数日前には、神奈川県川崎市で引きこもりの中年男性がカリタス小学校のスクールバスを待つ児童らを襲って死者二名、負傷者十八名を出すという陰惨な事件が起きたばかりだった。

そんな事件を起こされるくらいなら、自分の手で英一郎を殺すしかない、英昭はそう考えた。そして彼は包丁を手に取り、無我夢中で息子の胸を数十回もめった刺しにしたのである——。

この事件は、社会に一つのことを突きつけた。

犯罪とはまったく無縁そうに見える家族でさえ、今の世の中では殺人事件の当事者となる可能性があるという現実だ。

英昭のキャリアを踏まえれば、息子を支えるための経済力や情報等、あらゆる面において一般の人より恵まれた環境にあったはずだ。今の社会では、そうした人物でさえ、殺人事件を起こすまでに追い詰められてしまうのだ。

そのことを示すのが親族間で起きている殺人事件数の推移だ。実は、日本の殺人事件の半数が、家族を主とした親族間で起きているのである。

日本では、殺人事件の認知件数は、一九五四年の三千八十一件をピークに少しずつ減少しており、二〇一三年には初めて千件を下回り、近年は八百～九百件台で推移している。

ところが、家族内を主とした親族間での殺人事件の件数は、ここ三十年ほど長らく四百～五百件台と変わっておらず、割合としては高まっているのだ。具体的に言えば、二十年ほど前までは全体の四割程度だった親族間殺人の割合が、近年は五割強にまで増えている。

なぜ、日本では家庭だけがこんなにも危うい状況のまま取り残されることになったのだろうか。

昔から、家族は様々な問題を抱えてきた。育児困難、介護の負担、経済的な問題……。自分たちだけで解決できない場合は、親戚《しんせき》や近所の人たちに頼ることで乗り越えてきた。それは「ムラ社会」が備える相互扶助のシステムだった。

しかし、ムラ社会の基盤となる地元付き合いには、しがらみなど多くの厄介事が伴う。そのため高度経済成長期の社会変化とともに、人々はそこから離れて都会に移り住み、「核家族」を形成していった。

これによって人々は自由な生活を手に入れた半面、親戚や地域のセーフティーネットを失い、家族が内包する問題を独力で解決しなければならなくなった。だが、それは容易《たやす》いことではない。育児の壁にぶつかり、介護の負担に押しつぶされ、離婚率の上昇とともにひとり親家庭が増加していった。

そこで人々が新たに頼ろうとしたのが、国による福祉政策だった。地域社会の代わりに、国が行う公的支援に解決の糸口を見つけようとした。メディアが凄惨《せいさん》な虐待《ぎゃくたい》事件や心中事件を報じる度に、「国の福祉政策が不十分だ」という議論が行われ、公的支援の必要性が声高に叫ばれるのはその表れだ。

だが、家族の間で起きている問題は、公的支援を受けて自助努力をしさえすれば、解決できるほど簡単なものなのだろうか。

そうとは思えない。ある別の殺人事件だが、母親が引きこもりの息子を殺害した父親をかばって、こう裁判官に訴えたことがある。

「息子の病気がどれだけのものだったのか。そんな子供を持つ家族がどれだけ苦しんだのか。そんなこと、家族以外の誰にもわかるはずないと思います。あの子がいたから、事件は起きた。それは他の家庭だって同じだったと思います」

裁判官は目をそらし、沈黙したものの、最後は有罪とした。

本書で取り上げる事件は、私が実際に裁判を傍聴したり、現場に足を運んで話を聞いたりしてまとめたものである。

事件の関係者の口からは、読者が驚愕《きょうがく》するような冷淡な言葉が発せられることもあれば、胸を締め付けられるくらい悲しい境遇が語られることもある。

二〇二〇年の新型コロナウイルスの流行以降の社会変化によって、家族の関係はそれまで以上に濃密になり、これに比例して家庭内暴力、児童虐待、介護ストレスといったものがますます増加するようになった。今後日本に到来する世界に類を見ない少子高齢化の時代においては、家族の問題はますます大きくなるだろう。そんな今だからこそ、公的支援と自助努力では解決できない現実の複雑さと重たさに目を向ける必要があると信じている。

人はどんな理由から家族を殺すのか。事件が起こる家庭と、そうでない家庭とでは何が違うのか。

この問いに対する答えを、実際に起きた事件の中からあなた自身に見つけていただきたい。

目次

近親殺人

家族が家族を殺すとき

「1」～「7」で取り上げる事件については、原則として人名を仮名にした上で、地名等の固有名詞も極力、伏せています。ただし、「はじめに」と「解説」等で紹介した、マスコミがすでに大々的に報じている事件についてのみ例外としています。

1　まじ消えてほしいわ　〈介護放棄〉

事件は、二〇一四年七月上旬、東京都内にある八階建てのマンションで起きた。マンションの六階にある３ＬＤＫの部屋で暮らしていたのは、六十四歳の母親と、三十代前半の娘二人の合計三名だった。母親の所有するマンションに、独身の娘たちが同居していた。

日曜日の午後六時半頃、このマンションから一一九番通報があった。電話を掛けたのは、三十歳の次女だった。

「母が死んでいるみたいです」

母親は長らく病気を患《わずら》って自宅療養していたという。

十分ほどして救急隊員たちが駆けつけた時、玄関から次女が出てきた。次女は、母親は家の中で倒れたままだと語った。隊員たちが室内に入ったところ、リビングには息を止めたくなるような異臭が立ち込めていた。

次女は奥の和室を指さした。

「母は、そっちです」

和室に足を踏み入れた隊員たちは目を疑った。布団《ふとん》や畳は糞尿《ふんにょう》の茶色い染《し》みに染まり、いたるところにゴミが山積みになっていたのだ。

部屋の中央には、仰向けになって倒れている初老の女性の姿があった。体は見る影もないほど痩《や》せこけていて、手足は枯れ枝のように細い。体にはいたるところに床ずれの痕《あと》がある。

「こちらがお母様ですか」

「はい……」

初老の女性は息をしておらず、心肺も停止している。体は冷たく、死後しばらく経《た》っているようだ。

隊員は遺体の様子から嫌な予感がしたものの、粛々とマニュアル通りに対処をすることにした。死亡が明らかな場合は、病院へ運ぶのではなく、警察に通報することになっていた。

隊員の一人が警察へ連絡している間、別の隊員が次女に母親の健康状態や発見時の状況について尋ねたが、返ってくるのは曖昧《あいまい》な返事ばかりだ。ここ数日の様子がどうだったのか、死因として何が考えられるか、どこの病院へ通院していたのか、あらゆることが不明だというのである。

現場に到着した警察によって遺体は警察署へ搬送され、その夜のうちに死体検案が行われた。結果は、隊員の懸念《けねん》を裏付けるものだった。死因は極度の栄養失調、すなわち餓死だったのだ。百五十三センチの身体に対して体重はわずか二十三キロしかなく、羸痩《るいそう》（脂肪組織が極度に減少する症候）によって脳の海馬まで萎縮《いしゅく》していた。

なぜ三十代の娘二人が同居しながら、母親は飢え死にしなければならなかったのか。どうしてこうなる前に病院へ連れて行かなかったのか。

警察は二人の娘に疑いの目を向け、事情聴取をはじめた。家庭という密室で何が行われていたのかを明らかにするには、二人の主張だけでなく、物証を集めなければならない。捜査には長い月日と根気が必要となる。娘二人が母親に対する保護責任者遺棄致死の疑いで逮捕されたのは、それから二年半後のことだった——。

事件が起こるおよそ三十年前の一九八〇年代、横井《よこい》一家（仮名。以下同）は神奈川県の海辺の町で暮らしていた。

父親の忠雄《ただお》は自動車会社に技術職として勤務しており、母親の富士子《ふじこ》は専業主婦だった。二人の間には、長女の明日香《あすか》と次女の博美《ひろみ》という二歳違いの娘がいた。夫婦は絵に描いたようなおしどり夫婦で、娘たちも頼りがいのある父親が大好きだった。

家族は一つの心配事を抱えていた。忠雄が若い頃からB型肝炎を患っており、頻繁に体調を崩し、入院していたのだ。一般的に、この疾患の八～九割の患者は命に別条なく過ごすことができると言われているが、彼の容態は年々悪化していた。

忠雄が療養中、妻の富士子は家事や子育てに加えて、夫の介護までしなければならない。その負担は相当なものだったが、都内にある実家には気軽に協力を頼めなかった。

長女の明日香によれば、富士子は気難しい性格だったそうだ。

「母はすごい潔癖症でした。少しでも物が落ちているだけで許せないらしく、声を上げて怒るんです。長女の私には厳しくて、家の机の上に何か一つでも置いたら大声で怒鳴られました。洋服なんかも一枚一枚全部たたんでおかなければダメ。母は精神的に強かったわけではないと思います。むしろ、ものすごくもろい部分があり、父に依存して支えてもらっているような面があった。だからこそ、父が体調を崩して頼れない時は精神的に参っていたと思うし、ストレスも大きかったと思います」

人付き合いが苦手で、行政や民間の支援に頼ることもなかったようだ。

そんなある日、家族に悪い知らせがもたらされる。忠雄の病気が悪化し精密検査を受けたところ、肝臓にがんが見つかって、医師から余命数年と宣告されたのだ。

明日香が小学三年生、博美が小学一年生の時だった。忠雄は今後のことを考え、都内の会社の近くに引っ越すことにした。家族のためを思えば、通勤時間を短くして体への負担を軽減し、一日でも長く働いて貯金をする必要がある。富士子もいざという時のために金融機関でアルバイトをはじめた。

富士子は無我夢中で仕事や家事をこなしたが、ある日、心労が重なって体調不良で倒れてしまう。それからは一進一退の日々だった。一、二週間布団に寝たきりになり、何とか回復して働きだしたと思ったらまた同じことが起こる。そのくり返しだった。

母親が寝込んでいる時に家事をするのは、小学生だった明日香と博美だ。放課後に友達が集まって遊んでいるのに、自分たちだけはさっさと帰宅して掃除や親の介護、それに買い物までを行う。次女の博美は友人の母親を見る度に、「他の家のお母さんは元気なのに、なんでうちだけそうじゃないんだろう」と寂しさを感じたそうだ。

家族四人の生活が幕を閉じたのは、一九九七年一月のこと。肝臓がんが手に負えないほど悪化して、父親の忠雄が四十九歳で死去したのである。明日香は中学三年、博美は中学一年だった。

家族の中でも、富士子の取り乱しようは激しかった。連日にわたって朝から晩まで嘆き悲しみ、食べ物はまったく喉《のど》を通らない。娘たちの目には彼女が廃人になったように映った。

明日香は語る。

「父が亡《な》くなった時、母は私たち娘がしゃべりかけても答えられないほど落ち込んでいました。これまでも調子の悪い姿は度々見てきましたが、今回だけは立ち直れないかもしれないと思ったほどです。ある日、部屋をのぞいたら、母が父の遺骨の前にすわり込んでじっとしていたことがありました。声を掛けたら、思い詰めた声で言われました。

『生きているのがつらい……。三人で一緒に死のっか……』

心中しようって言われたんです。私は妹を守る立場でもあったので、必死に考え直してほしいと頼みました。三人で死んだら悲しむのはお父さんじゃない？ だから、そんなこと考えないでがんばろうよって」

明日香は受験そっちのけで、自殺を考える母親を励ました。おかげで富士子も少しずつ前向きになることができた。

絶望の底から立ち直った後、富士子は生活のためにアルバイトを再開したが、折れた心が元にもどることはなく、何カ月かすると再び精神状態が悪化して家に引きこもった。一、二週間経って外に出られるようになり新しいアルバイトを見つけてきても、しばらくするとまた家から出られなくなって寝込んでしまう。そんなことが数カ月周期で起きた。

こうした状況を見かねた母の友人が、富士子を説得してメンタルクリニックへ連れて行った。医療に委《ゆだ》ねるしかないのは明らかだった。

医師はこう診断した。

「うつ病のようですね。だるいとか、やる気が出ないというのはその症状です。抗うつ剤の服用をお勧めします」

夫の死が、富士子の精神を壊していたのである。

この日以降、富士子は月に一度くらいのペースでメンタルクリニックへ通って、抗うつ剤を服用した。クリニックの記録によれば、夫が亡くなった年は十五回、翌年は十四回、翌々年は十回にわたって受診している。病気だという自覚を持って治療に励んでいたようだ。

富士子は服薬のおかげで仕事ができるようになったが、娘たちに感情をぶつけることが以前よりも増えた。こと教育に関しては頻繁に目くじらを立て、娘たちが少し遊んでいるだけで鬼のような形相で怒鳴った。

「私はうつ病の治療をしながら働いて、あなたを高校に行かせているのよ！　もっと勉強して、一流大学へ行って、大企業に就職しなさい！」

彼女は亡き夫に代わって、自分が娘たちを立派な社会人にしなければならないと過剰なまでに責任感を抱いていたのかもしれない。

明日香と博美は、母親の期待に応《こた》えようと日夜勉強に励んだ。だが、富士子が課すハードルは高く、どれだけ努力しても認められることはなかった。テストの点数を見る度、進路面談に行く度、母は口角泡を飛ばして言った。

「こんな点数で努力したって言えるわけがないでしょ！　あんたみたいな子は、もう家にいらない。出ていけ！」

連日のように口汚く罵《ののし》られるため、明日香はだんだんと母親を煩《わずら》わしく思うようになっていった。彼女は述べる。

「母は日々のいら立ちを私だけにぶつけているようでした。妹にはほとんど何も言わないのに、私にだけ怒鳴ってくる。勉強ばかりじゃなく、家の片付けだとかこまごまとしたこともうるさいほど注意されました。洋服の襟の形がおかしいとか、電化製品に小さな傷がついているとか。しかも、単に注意するだけじゃなく、カーッと頭にきて大声で『あんたなんて産まなければよかった！』とか『目の前から消えて！』みたいな人格を否定するような言い方をするんです。あまりに暴言を吐かれすぎて、私もうつ病みたいになっていました」

明日香は、これまで長女として家を支えてきたのに、なぜそこまで言われなければならないのか、と思っていた。

彼女の母親への不満は、反抗期も相まって、憎しみへと変わっていく。両者の間に決定的な亀裂《きれつ》が入ったのは、高校の終わりだった。

ある日、明日香は自室でのんびりとしていた。富士子がそれを見て、大声で怒鳴りつけた。

「汚い部屋ね！　こんなに片づけをしないのなら、これからあんたは自分のことはすべて自分でしなさい。私はあなたのことを一切やらないから！」

その日から、富士子は明日香の食事の用意や洗濯をしなくなったばかりか、言葉も交わそうとしなくなった。家庭内別居同然だった。

明日香は高校生の身でありながら、アルバイトで生活費を稼がなければならなかった。バイト代は日々の食費や日用品、それに参考書代などにすべて消えた。洗濯やアイロンがけも自分の分だけ別にやった。

彼女は語る。

「家で私と母はずっと絶縁状態にあって、目さえ合わせてもらえませんでした。生活費もバラバラにすると言われて、電気代、水道代、ガス代は母が払うのですが、その中から私のつかった分を毎月いくら払えと要求してくるんです。冷蔵庫さえ、ここは母と妹のスペース、私だけはこっちのスペースとわけられていました。

母は妹だけに甘い顔をしていました。彼女にはご飯をつくるし、洗濯もする。生活費だって全額負担する。私と妹の扱いの差は歴然でした。そんな状態だったので、私は母に対して『もういいや』って気持ちになりました。病気だったし、何を言ったって聞いてもらえないですから、あきらめた方が楽でした」

富士子がこれほど執拗《しつよう》に明日香を冷遇した背景には、精神疾患の影響も多分にあったのかもしれない。

明日香が進学したのは、都内の有名私立大学だった。全国的に名の知れた一流大学だが、富士子は褒めることは一切なく、これまで通り二言目には「出て行け」「この家にいらない人間だ」と罵倒《ばとう》した。二人の間の溝は、途方もなく深いものになっていった。

　大学を卒業後、明日香は学童クラブで働きだした。最初の一年間は非常勤で収入が乏しかったこともあって、そのまま実家に同居していた。高校時代から親子で反目し合う関係に慣れ、あえて今になって家を出る必要を感じなかったのだろう。

　明日香は家のことにはまったく関知せず、趣味の演劇鑑賞にのめり込んだ。数年経って学童クラブを辞め、商品梱包《こんぽう》を行う会社に再就職した後も、結婚をせずに好きなことを満喫した。妹の博美の方も同じように実家に住みながら、独り身で気楽な生活を過ごしていた。

　その頃、富士子は再び心のバランスを崩して寝込むことが多くなっていた。娘二人が社会人になったことで、緊張の糸が切れたのかもしれない。理由は不明だが、メンタルクリニックへも行かなくなっていた。娘二人は日々のことに忙しく、富士子が治療を止《や》めたことも知らず、部屋で寝込んでいるのを見ても、「しばらく寝ていれば、いつもみたいに良くなるだろう」くらいにしか思っていなかった。

　明日香は言う。

「母が体調を壊して横になっていたことは知っていますが、私の方からは手助けはしませんでした。高校時代からほとんど口をきいてこなかったし、何か言っても『出て行け』とか『産まなければよかった』と言われるので、私からはあえてかかわらないことにしていたんです。その代わり、妹の方が母に声を掛けるとか、頼みに応じて買い物をするといったことをしていました。母の世話は妹の役割だったんです」

家の中では、富士子の面倒は博美がみるという役割分担が決まっていたのである。

博美もそれを認める。

「母の身の回りの世話は私がやるということになっていました。日によって体調はバラバラだったので、私の方で三食用意しても食べてもらえるとは限りませんでした。なので、朝はパンを用意しておいて、夜は頼まれれば会社帰りにスーパーに寄って食べ物を買っていました。

夕飯の内容はその日によって違います。お弁当の日もあれば、冷凍食品やお惣菜《そうざい》の日もありますし、おにぎり二個っていうこともあります。食費は、かかった分だけ母に請求したこともあれば、うやむやになって私が全額支払ったこともあります。母は食事にはすぐに手を付けず、食欲が出てきた時に自室で食べているようでした。家族で食卓を囲むことはなかったので詳しいことは知りません」

博美の方も毎日会社で働いている身であり、忙しい日やプライベートで用事のある日は家を空けることもあった。そんな時、富士子は空腹に耐えるか、仲たがいしている明日香に頼らざるをえなかった。明日香に物を頼む際の富士子は、実の親とは思えないほど低姿勢だ。

次に記すのは、ＬＩＮＥで買い物を頼んだ時のメッセージである。

富士子　明日香さんへ　お腹《なか》がペコペコです。お願いです。何か食べ物を買ってきていただけないでしょうか。

富士子はこれまで明日香に厳しくしていたことを自覚していたからこそ、余計にへりくだった言い方をしたのだろう。

だが、明日香は、そんな母親に冷たい態度をとった。二人のメッセージの一部である。

富士子　明日香さんへ　地震があると怖いので行先だけ教えてください。

明日香　ほぼ毎日演劇です。

富士子　はい、わかりました。仕事の時は帰りですか。

明日香　意味わかりません。仕事の日、仕事か、演劇。

明日香が心ない態度を取ったのは、高校時代からの積年の恨みがあったためだろう。

富士子の病状がいよいよ深刻になったのは、二〇一四年に入って間もなくだった。これまで体調の浮き沈みはあっても、数日に一度は着替えて自力で買い物に出られてはいたが、布団に寝たきりになってリビングやトイレに行くのもやっとという状態になり、具合の悪い日はそれさえままならなくなった。

こうなると、富士子は娘たちに依存しなければ生きていけない。だが、博美は負担が増すにつれて億劫《おっくう》に感じはじめ、富士子の求めを無視したり、突っぱねたりするようになっていった。富士子にしてみれば、博美にそっぽを向かれれば、明日香に頼るしかないが、返ってくるのは相変わらず冷ややかな言葉だ。

以下は寝たきりになったばかりの一月のＬＩＮＥの記録である。マンションに富士子と博美がおり、外出中の明日香に食べ物の購入を頼んだ時のことだ。

富士子　お願い、明日香と同じものを買ってきてください。すみません、御願いします。

明日香　オリジン弁当とか。

富士子　今どこにいるの？　いいって。

明日香　主語がないので意味わかりません。

富士子　明日香は今どこにいるのですか。博美はオリジン弁当でいいそうです。

明日香　一から三まで弁当名書いてください。また食べられないと言われても困るので。

富士子　明日香に任せます。

明日香　それが嫌だから聞いているんでしょ。いい加減気づけよ。

富士子　トンカツ弁当かのり弁二個。あとは、明日香の分。

明日香　あなたが二つ弁当を買うってこと？　統一してください。ややこしいんだけど。

富士子は何を言っても罵倒されるため、ますます萎縮していった。

一方で、明日香と博美はだんだんと嫌悪《けんお》感《かん》を募らせ、二人して富士子の悪口を言い合うようになった。たとえば真冬の日、冷蔵庫にあった明日香の肉まんを、腹をすかせた富士子が食べてしまったことがあった。それを知った明日香は博美と次のようにやり取りしている。

明日香　富士子が肉まんを食っちゃったみたい、まじ消えてほしいわ。

博美　もう富士子、超うざいわ。今日は中野でご飯食べてくるね。映画も観《み》てきます。

明日香　じゃあ、私も合流するね。本当に家出すればいいんじゃない？　富士子、嫌なことばかりするし。行動からして、それを望んでるみたいだし。

博美　ストレスなのかどうかわからないけど、胃がきゅっと締めつけられている。

　二人は母親に対する恨みつらみを口にしているうちに、つらく当たりはじめた。懇願されても、わざと無視したり、大声で罵声を浴びせたりするようになったのだ。富士子は自分の力ではどうすることもできず、空腹に耐えかねた時は冷蔵庫に娘たちが買い置きしている食料に手を伸ばした。ヨーグルト、サラダ、パンといったものをこっそりと食べて空腹を満たしたのだ。

　明日香と博美は、それに気づく度に意地の悪い言葉で罵った。二〇一四年二月二十日に、富士子がＬＩＮＥで娘たちに冷蔵庫の食料を食べたことを告白した時のやり取りである。

富士子　明日香さんへ、バナナ、パン、もやし半袋もらいました。すみません。

明日香　もやしは博美のものです。

博美　勝手に食べないでください。今日食べようと思っていたのに。早くお金全額返してください。家のこと何もしないのに、人のもの勝手に盗《と》らないでください。本当にいい加減にしてください。寝ているだけで、勝手に人のもの食べるだけで、本当にいい身分。本当に申し訳ないと思っていたら、そんな行動しないと思うけど。

翌月のＬＩＮＥは、さらに辛辣《しんらつ》だ。

この二日前、富士子は明日香が買っておいたバナナを一本だけ食べたことがあった。明日香はそれを知り激怒する。そんな中で富士子は再び空腹に陥り、明日香に買い物を頼んだ。その時のやり取りが以下である。

富士子　私にスーパーのお弁当、カツ重か、天ぷら重、安い方、なければ何でもいいので買ってきてもらえませんか。お願いします。

明日香　一昨日といい、今までといい、あれだけ人の嫌がること（※著者注、以下

※印同。バナナを食べたこと）をしておいて、よく言えますね。今までも人の許可なく勝手に食料を食べたり。（※バナナを）吐き出してって言ってもやってくれませんが、払ってくれるんですか。なんで私が買った食料を、あなたがタダで食べているんです。払えよ。

富士子　払いますから、今日は買ってきてください。お願いします。

二日前にバナナを食べられたことを知り、胃の内容物を吐き出せと迫ったのだ。明日香にしてみれば口が過ぎた程度のことだったかもしれないが、富士子にとっては恫《どう》喝《かつ》以外の何物でもない。

博美の言葉も、時に姉以上に辛辣だった。四月のＬＩＮＥの記録だ。

富士子　博美へ、ヨーグルト食べてしまいました。すみません。

博美　自分のプリンが残っているんですよね。なぜ人のものから食べるんですか。あと、食べてしまいましたという書き方はおかしいと思いますけど。

富士子　プリン、残っていますけど、便秘なのでヨーグルトの方がいいかなと思ったからです。でも、ダメみたいだったので、下剤飲みました。

博美　人が買ってきたものなのに、そういうのは完全に無視するんですね。外に出てもらうんで、もう結構です。

富士子　今日は下剤を飲んだので外へは出られません。

博美　そんなことは知りません。関係ないです。人のもの勝手に食べたんだから出ていってもらいます。当然ですよね。以上。

富士子　トイレに行きたくなると困るのでお願いします。すみません、御願いします。今日は本当に勘弁してください。お願いします。

ヨーグルトを一つ食べたからといって、家から出て行けとまで言い放つ姿には嗜虐《しぎゃく》性さえ感じられる。

二人は何を思ってここまでつらく当たっていたのか。公判で、明日香は次のように述べた。

「私は、母がちゃんと薬を飲んで治療を受けていると思っていました。だから、彼女が外に出られないとか、食事を食べてしまったというのは、わがままじゃないかと思っていたんです。だから私もつい厳しく当たっていました」

博美の意見も似たようなものだ。

「お腹がペコペコだとか言われましたが、大げさに言っているとしか思いませんでした。そこまでお腹が空《す》いていないだろうって。だから、母の調子が悪いとイライラして、当たっていました。それで、途中から、姉と一緒に自分たちの食事は隠しておくようにしました。母に盗まれないようにするためです」

冷静に考えれば、富士子がどれだけ困っているかわかったはずだ。だが、明日香はかつての恨みを晴らすかのようにいびり、博美もそれに便乗して世話をせず悪態をついた。二人は自分たちでも気がつかないうちに、富士子に対する虐待をエスカレートさせていったのだろう。

二〇一四年のゴールデンウィークが明けた頃、富士子は六畳の和室からほとんど外に出ることがなくなっていた。うつ病の悪化に加えて、栄養不足から体力がなくなったことでかなり衰弱していたのだ。二カ月後に二十三キロの遺体で発見されたことを考えれば、体重は三十キロ前後まで落ち、骨と皮だけの姿になっていたはずだ。

博美はたまに思い出したように買ってきた食べ物を富士子の枕元《まくらもと》に置くだけで、看病はまったくしなくなっていた。富士子はトイレさえ行けず、布団で垂れ流すことも度々だった。何重にも畳に染み込んだ糞尿は、むせ返るような悪臭を発していた。

博美は公判で次のように述べた。

「六月頃からは、母と直接の会話はありませんでした。和室からＬＩＮＥで食事がほしいなどと送ってくるくらいです。買ってきた食べ物を枕元に置く時も何もしゃべりませんでした。私が会社から帰宅すると、大体母は布団を首まで被《かぶ》って寝ていたので、弱っているのかどうかはわかりませんでした」

明日香も警察署で取り調べを受けた際に、似たようなことを語っている。

「たまに母を見かけましたが、いつも肩まで布団を被っていたので、痩せていたかどうかはわかりませんでした。顔を見る分にはいつもと変わらない感じでしたし、身の回りのことは妹がやっているのだろうと思っていました」

三人は同じマンションで暮らし、リビングは富士子のいる和室の隣りだった。それなのに、富士子の衰弱ぶりや異臭に気がつかないことなどありえるのだろうか。

ＬＩＮＥの記録を見る限り、二人の証言には疑わしいところもある。六月には次のようなやり取りが行われている。

明日香　風呂《ふろ》に入らせないとますます臭くなる一方だよ。

博美　そうなんだけど、たぶん、風呂に入る体力ないんじゃない？　歩けないって言ってるし。

文字通りなら、二人は富士子が衰弱していることも、悪臭のことも認識していたと言える。

もしこの時点で二人が富士子を病院へ連れて行って適切な治療を受けさせれば、最悪の事態は免れた可能性が高かった。だが、二人は彼女を助けるどころか、放置する道を選んだ。なぜなのか。

このメッセージがすべてを物語っている。

博美　病院行かせたって、今までなんで富士子に食料を与えなかったのかって言われるのはこっちじゃん。

二人は実際のところ、自分たちが介護放棄していることを認識していたのだろう。だからこそ、それが発覚するのを避けるために、富士子を病院へ連れて行かなかったのだ。

六月の中旬、明日香が富士子を病院へ連れて行こうとしたことがあった。明日香が久しぶりに和室の戸を開けたところ、富士子が横になってこっちを朦朧《もうろう》とした目で見ていたのだ。公判で明日香は「（以前より）少しやせたよう」に見えたと語ったが、かなり衰弱しているのに気づいたと思われる。明日香は富士子の上半身を支えて言った。

「具合悪いの？　救急車呼ぶ？」

　富士子は久々に娘の思いやりのこもった言葉を聞いたためか、しくしくと泣き出して言った。

「絶対に呼ばないで。大丈夫だから」

　なぜ彼女が救急車を拒絶したのかはわからない。うつ病で精神的に混乱していたのか、本当は「助けてくれ」と言ったのに法廷で明日香が嘘《うそ》をついたのか。いずれにせよ、明日香は救急車を呼ぶのを止め、再び汚れ切った布団に横たえた。これによって、富士子が救出される機会はついえた。

　六月の下旬から、博美は一度も食べ物を和室へは運んでいない。その理由は甚だ身勝手なものだ。彼女はこう語る。

「部屋に食事を持っていくことはしませんでしたが、放っておいていたわけじゃありません。冷蔵庫には冷凍パスタなんかを置いていきました。もし母がお腹が空けば、これらを食べるだろうって思っていたんです」

立ち上がることさえできない富士子が、どうやって冷蔵庫を開けて冷凍パスタを食べるというのか。そもそもヨーグルト一つ食べただけで、家から出て行けと言い放っていたのは博美だ。こんな独善的な考えのもとで、富士子はライフラインを絶たれることになったのである。

七月に入ってから、明日香も博美も、一度も和室で衰弱する富士子の様子を見てはいない。二人にとって母親はもはや見向きする必要のない存在になっていたのかもしれない。

この間のことで唯一《ゆいいっ》接点があったのは、七月頭に明日香の携帯電話に富士子からの着信があったことだ。会社で働いている最中だったので電話には出ず、その後も掛け直すことはしなかった。

この時、富士子が電話で何をつたえようとしていたかは不明だ。いずれにせよ、それが母と娘の最後の交信だった。

四日後、この日は日曜日だったが、明日香は朝から会社に出勤していた。梱包の業務を行っていると、午後になって博美から電話が掛かってきた。博美は焦《あせ》ったような口調で言った。

「富士子が死んじゃったかも」

「どういうこと？」

「新聞代をもらおうとして部屋に入ったら、富士子が布団に横になったまま息をしてないのよ」

「いつから？」

「わかんない。二週間、顔を合わせてないもん」

明日香は息を飲んで言った。

「本当に死んじゃってるの？　息してないの？」

「うん……」

「じゃあ、早く一一九番しなよ！」

明日香の脳裏には、三週間ほど前の弱り切った富士子の姿が過《よぎ》ったはずだ。彼女は上司に事情を説明して会社を早退した。

同じ頃、博美は姉の指示通り一一九番通報をした。十分後には、救急隊が到着した。

隊員たちが目にしたのは、見るも無残な富士子の遺体だった。糞便の臭《にお》いが充満する和室に、痩せこけた初老女性の遺体が仰向けになっていたのだ。冒頭で述べたように、すでに心肺は停止、下半身には垂れ流された糞便が固まってこびりついたままだった――。

　事件から三年半が経った二〇一七年の終わり、東京地裁立川支部で明日香と博美の公判が行われた。事件発生から逮捕まで長い時間を要したのは、二人が介護放棄を否認したため、それを立証する必要があったからだ。

　罪状は、富士子に対する保護責任者遺棄致死罪。介護を要する者を故意に放置し、死に至らしめたという罪で、懲役三年から二十年の刑罰が下される。裁判の争点は、二人が富士子が命の危険にさらされているのを知った上で、介護をしなかったかどうかだった。

　公判で、二人はそろって故意ではないと否定した。明日香が一貫して主張したのは次のようなことだった。

「私は高校時代から母親と仲が悪かったので、社会人になってからもその関係は同じでした。食事の世話など身の回りのことは、全部妹がやっていると思っていました。ご飯をうまく食べられていなかったと気づいたのはお葬式の時が初めてです。手を見たらすごくやせていたので『なんでこんなになっちゃったんだろう』と考えるようになったのですが、それまではそんなことになっているとは想像もしていませんでした」

あくまでも自分は疎遠《そえん》だったので知らなかったと語ったのだ。

妹の博美の主張は次の通りだ。

「私は途中までご飯はあげていました。六月の下旬以降は食べ物が傷《いた》んでしまうと思って冷蔵庫に入れるようにしていました。（冷蔵庫に入れておけば、富士子が勝手に）食べていると思っていたので、栄養不良になるとかそういうことは考えてもいませんでした。だから事件の日までこんなことが起きるとはわかりませんでした」

博美は、富士子の食事は冷蔵庫に入れてあったと言ったのである。

公判で検察側は二人の主張の不合理な点を度々指摘した。明日香は事件発生の前から富士子が痩せ衰えていたのを目撃していたし、博美は冷蔵庫の食べ物を勝手に口にすることを厳しく禁じていたとしたのだ。これらはすべてＬＩＮＥの記録に残っている。つまり、二人は富士子が衰弱しているのを知りながら、十分な食料の提供や介護を行っていなかったと言える、と。

ただ、争点はあくまで富士子が餓死することまで想定できていたかということだ。二人がそれを否定したため、検察は物証によってそれを明らかにしなければならなかったが、「死ぬのをわかっていた」とまで言い切れる材料をそろえることができなかった。

裁判官はこれを受けて量刑を決めた。保護責任者遺棄致死罪は認めつつ、二人は餓死までは予見できていなかったとして、次の判決を言い渡したのである。

――懲役三年、執行猶予《ゆうよ》五年。

実刑を免れた二人は、母親のいなくなったマンションでの生活を再スタートさせている。

2　父は息子の死に顔を三十分見つめた〈引きこもり〉

東京都内の住宅街に、白い二階建ての一軒家がある。小さな庭には緑が植えられ、よく手入れがされている。サラリーマンがコツコツとローンを払って買った夢のマイホームといった外観だ。

この家に暮らしたのは、楠本安男《くすもとやすお》（仮名。以下同）という中学校の体育教師だった。生徒から親しまれ、定年退職するまで三十年以上にわたって教鞭《きょうべん》をとってきた。体は決して大きくないが、誠実で頼りがいのある男性だ。

安男は妻とともにこの家に住みはじめた時、家族が笑顔で過ごす楽しい日々を思い描いていただろう。一人また一人と子供ができる度に、家はにぎやかになり、自分がこの家を支えるのだという気持ちが強まっていったのかもしれない。

だが、結婚から四十一年後の二〇一八年夏、この家は四十歳になった息子の遺体が転がる凄惨《せいさん》な殺人現場と化す。蒸し暑い日の未明、警察に殺人の容疑で逮捕されたのは父親の安男。知的で精悍《せいかん》だった体育教師は、隣町で清掃業に従事する六十六歳の白髪の男になっていた。

ごく普通の幸せを望んでいただけのはずのマイホームでの生活に、何が起きたのだろうか。

一九五二年、父親の楠本安男は東京都内で生まれた。若い頃から文武両道を地で行くタイプで、有名私立高から系列の一流大学へと進学。ただ、体育教師になるという目標のために一年で中退し、体育の教員免許が取得できる別の私立大学に入り直した。

卒業後、安男は念願だった中学校の体育教師になった。二十五歳の時には、中学時代の同級生だった律子《りつこ》と結婚。二人の間に最初に生まれた子供が、後に被害者となる長男の清太郎《せいたろう》だった。その後も、二人の間には長女の勝代《かつよ》が生まれ、にぎやかな暮らしがはじまった。

律子は夫の印象をこう語る。

「夫は穏やかな性格で、どんなことでも受け入れてくれました。ほとんど怒ったことがなく、かならず他人のために何かをしようということを考える人でした。逆に、私の方が喜怒哀楽がはっきりして何でも口に出すタイプでいざこざも起こしやすい。だから夫から生活の面でずっとサポートをしてもらっていました」

長男の清太郎は父親に似てスポーツが好きで活発な性格だった。小学生の頃から少年野球やサッカーのチームに所属して練習に勤《いそ》しんでいた。特に野球チームでは、父親の安男がコーチを務めていたこともあって、暗くなるまでユニフォームを泥だらけにしてグラウンドを走り回った。安男にとっても子供と過ごす楽しいひと時だった。

中学生になってから、清太郎は野球をやめて陸上部に入った。リーダーシップがあって人望も厚く、部活以外でも、生徒会で活躍したり、美化委員長を務めたりした。安男は、清太郎が陸上の大会に出場する日は、かならず応援に駆けつけた。

安男はこの頃が一番幸せだったと振り返る。

「あの時代が一番良い……良い思い出です……。清太郎は運動会や学芸会など学校の行事が大好きな子でした。何日も前から楽しみにしていて、当日になると無我夢中になって行事に取り組んでいた。そんな息子の傍にいられたり、応援できたりしたのが、私にとって何にも代えがたい体験でした」

清太郎が勉強に熱心になったのは、中学二年生の終わりだ。自分から地元の有名高校へ進学したいと言い出したのだ。

学習塾に通いはじめた清太郎は毎日夜遅くまで机に向かった。親に休憩を勧められても、「受験まで時間がないんだ」とよそ見もせず、黙々とペンを動かす。もともと一つのことにのめり込む性格ではあったが、親にしてみれば心配になるほどだった。

努力の成果もあって中学三年から成績が上向きになる一方で、清太郎は身の回りのゴミを異常なほど気にするようになった。通学路に落ちているゴミを拾い集めだしたところからはじまり、やがて一瞥《いちべつ》するだけでは見えないような消しゴムのカスのようなものまで四つん這《ば》いになって探すようになった。

安男の言葉である。

「私たち家族がちょっと変だぞと思ったのは、清太郎が外へ行く度に、煙草《たばこ》の吸殻《すいがら》を大量に拾ってきたことでした。気になって仕方がない様子でした。汚いからやめなさいと注意しても拾ってくるんです。

ある日、清太郎が『町中の吸殻を集める』と言って家を飛び出したことがありました。私が後をついていくと、清太郎は隣の町まで歩きつづけて、道に落ちている吸殻を一心不乱に拾っていました。さすがに引き留めて『いい加減にやめよう』と近所の神社につれていって休ませました」

およそ三駅分の距離の道で、ずっと吸殻を拾いつづけたのである。

しばらくして清太郎は先端恐怖症の症状を示しはじめた。ある日、家の中にあったハサミを見て青ざめ、母親の律子に「怖いからどうにかして！」と泣きついたのがはじまりだった。それ以降、包丁から画鋲《がびょう》まで刃物や先のとがっているものに怯《おび》えるようになった。

この頃には、清太郎も自らの異変を自覚していた。ある日、彼は疲れた顔をして両親にこう言った。

「俺、おかしいかも……。病院へ行ってもいい？」

自分でも精神的に参っていたのだろう。

律子は清太郎をメンタルクリニックへ連れて行った。医師からは物に対する強迫観念の傾向が見られるとされて対処法を教えられた。

高校は、猛勉強の甲斐《かい》あって志望校に合格することができた。家族は大いに喜ぶと同時に、受験から解き放たれて清太郎の精神状態が元にもどることを期待した。

清太郎は、高校では野球部に入った。決して強いチームではなかったものの、小学校の時に父親と泥だらけになって練習に励んだことを思い出し、レギュラーを目指した。また生徒会に立候補し、校内行事にも積極的に携わった。

中学時代に表れた心の問題は落ち着きつつあるかに見えたが、二年生になってから清太郎は周りの人たちとうまく付き合えなくなる。遅刻や欠席が増え、部活も休みがちになった。それに伴って成績は急激に下がっていった。

両親が心配すると、清太郎はこう言った。

「学校へ行ってみんなに会うのが怖いんだ」

「ケンカしてるの？」

「そうじゃないんだけど……なんだか教室にいると、みんなの目とか声が気になるんだよ。俺を睨《にら》んでいたり、悪口言ったりしているみたいなんだ」

学校で実際に何かをされたわけではなく、清太郎の中で被害妄想のようなものが膨らんでいるようだった。再び強迫観念に囚《とら》われつつあるのかもしれない。

清太郎は言った。

「やっぱり俺、病気だと思うんだよね。もう一度、病院へ行きたい」

母親の律子は清太郎を役所の相談窓口に連れて行った。そこで、評判のいい病院を紹介してもらい、通院することが決まった。帰り道、清太郎はこうつぶやいた。

「自分で解決しなきゃいけないんだよね……」

この日から二十年以上に及ぶ引きこもりと闘病の生活が幕を開けるのである。

病院で検査をした結果、清太郎は「強迫観念」「妄想」「対人恐怖症」があると診断された。これらは治療をしたからといって即座に完治するものではない。服薬によって症状を軽減しつつ、医師の指導に従って対処法を身につけ、それらと上手に付き合っていくことを求められる。

清太郎は病院に通いながら、なんとか高校を卒業したものの、成績は低迷したままで浪人が決まった。清太郎は、一年間新聞配達をしながら予備校へ通って受験勉強に励んだが、ここでも病気に悩まされた。新聞販売店の同僚と言葉を交わすことができなかったり、予備校の仲間から悪口を言われているような妄想に襲われたりしたのだ。また、予備校の受付の女性が自分を監視している気がして勉強が手に付かない時期もあった。

一時は受験をあきらめかけたが、両親からの励ましもあって都内の私立大学へ進学した。高校の偏差値からすれば、満足がいくようなレベルの大学ではなかったが、この時の彼には精いっぱいだった。

せっかく入った大学だが、そこでの生活は、彼が思い描いていたようなものではなかった。心の病から通学が困難になり、一年余りで中退を余儀なくされたのだ。

安男はこの頃の清太郎について証言する。

「人とうまくいかないと苦しんでいました。人から変な目で見られているという思いが膨らんで、怖くなったり、イライラしたりして人付き合いができなくなる。潔癖症もひどくなっていました。よく言っていたのは『トイレのドアの隙間《すきま》からばい菌が漏れている』という妄想で、一日に何百回もうがいや手洗いをするんです。トイレと聞いただけでばい菌が襲ってくる気持ちになっていたみたいです」

清太郎は早く病気を治したいという気持ちがあり、自ら評判のいいメンタルクリニックを探しては通っていた。医師たちの下す診断は毎回異なり、「強迫性障害」「社交不安障害」「双極性障害」など様々な病名をつけられて大量の薬を処方された。

大学中退後はバイトをしていたが、いずれも長くつづかなかった。働きだしても、いく日も経《た》たないうちに「仕事の内容が嫌だ」「上司とうまくいかない」と言って辞めてしまう。

両親がバイト先の責任者に確かめたところ、清太郎は仕事中も五分おきにトイレに行く、更衣室に閉じこもるといったことをしていたようだ。強迫観念で人前に立っていられなかったのだろう。十年の間に経験したバイトは四十〜五十に及んだが、半年以上もったものは一つもなかった。

清太郎は思い通りにいかない日々に相当のストレスを抱えていたようだ。彼は買い物によって憂《う》さ晴らしをするようになる。

安男の言葉である。

「二十三歳くらいの頃から、清太郎はクレジットカードをつかってありえないくらいの買い物をするようになりました。ネット通販にもハマって、段ボールが一日にいくつも届いたこともあります。中身は洋服や眼鏡なんですが、どれもものすごく派手なもので、いつ誰が身につけるのかと首を傾《かし》げるほどでした。彼自身もそれらをほとんど着ることがないのに、我々親に買い物がいきすぎていることを注意されると激しく怒りました。『俺の勝手だろ！』と怒鳴って聞く耳を持とうとしなかったのです」

ストレスから生じる買い物依存症に陥っていたのだろう。

清太郎は三枚のクレジットカードを所持していたが、まとまった貯金があるわけではない。それでも後先考えずに、商品を大量に購入するため、カードが利用停止になり、ローンの返済額は二百万円を超えた。

彼はカードがつかえなくなった後も衝動を抑えることができず、今度は万引きをはじめた。デパートやスーパーへ行って、手当たり次第に洋服や靴、食料品などを盗んでくるのだ。

ある日、家に警察から電話が掛かってきた。

「楠本さんの御宅でしょうか。清太郎という息子さんはいらっしゃいますよね」

警察はつづけた。

「先ほど、お店で清太郎さんが商品を窃盗《せっとう》して捕まりました」

安男や律子はカードローンのことは知っていたが、万引きまでしているとは思っていなかった。そこまで息子の理性は壊れていたのである。

清太郎は窃盗の罪で起訴され、裁判で執行猶予《ゆうよ》付きの有罪判決を受けることになった。

裁判で有罪になったことで、清太郎の窃盗癖は収まった。もう一度捕まれば、次は刑務所だという自覚があったのだろう。

代わりに、清太郎はやり場のない気持ちを身近にいる家族にぶつけて暴れるようになった。家庭内暴力である。標的となるのは、常に母親の律子だった。

安男は語る。

「清太郎は、私の前ではおとなしいのですが、妻と二人きりになるとしょっちゅう暴力を振るっていました。清太郎はそのことを隠したがっていました。ある日、妻が庭で掃除をしていたところ、清太郎が突然飛びかかって髪をつかんで、引きずり回しはじめたことがあったんです。理由なんてなく、いきなり興奮してつかみかかってきた。

家の前を通りかかった人が、妻の悲鳴を聞いて庭をのぞき込んだら、清太郎は慌《あわ》てふためいて妻を家の中に引きずり込みました。そして『なんで叫んだんだ！　人を呼ぶな！』と言って、さらに殴る蹴《け》るの暴行を加えたそうです」

　彼にとって母親が、唯一牙《ゆいいつきば》を剝《む》くことのできる相手だったに違いない。

　家の中でくり広げられる暴力によって、律子は恐怖に支配され、ほとんど言いなりになっていた。彼女は述べる。

「清太郎は突然怒り出すんです。私がどんなふうに弁解しても聞いてはくれません。『そういう反応しかできないのか！』『疑いの目で見てる』『お母さんは俺のやっていることを認めてない』と言ってもっと怒る。そのつど、私は恐ろしくなって身をかがめることしかできませんでした。清太郎はそんな私の髪を引っ張ったり、背中や脇腹《わきばら》を叩《たた》いたりと、気の済むまで暴力を振るいました。

　人に助けを求めなかったのは、あの子から大事《おおごと》にするなと止められていたからです。一度、私が駐車場に逃げようとしたら、追いかけて捕まえられ、こう言われました。

『外へ出ちゃいけないんだ！』

　言うことを聞かなければ、余計に殴られるので、私は何をされても家の中で耐えていました。みじめでした。本当にみじめでした」

安男も妻から暴力のことを聞く度に何とかしなければと思っていた。だが、清太郎は自分の前では猫を被《かぶ》っているし、後で知って話し合いをしても「母さんが悪い」「やってねえ」という話にしかならないので、解決の糸口が見つからなかった。

二〇〇六年秋、律子は数年にわたる息子の暴力によってうつ病の症状が出ていた。このままでは殺される。彼女はそう考え、「家を出たい」と家族につたえたところ、全員が賛成した。それどころか、長女の勝代はこう言った。

「お母さんが家を出るなら、私も一緒に出たい。今みたいな状況で生活するのは嫌。私のお給料でアパートを借りるよ」

安男もそれを後押しした。

「わかった。そうしよう。この家には俺が残って、清太郎の面倒を見ることにする。清太郎は俺には何もしないから大丈夫だ」

こうして律子は家を離れ、アパートで勝代と二人で暮らしはじめた。久しく忘れていた平穏な日常を取りもどすことができたのだ。

しかし、別居生活はわずか一年で幕を閉じる。勝代の結婚が決まったため、律子が実家にもどらなければならなくなったのだ。一人で別居をつづけるには、経済的な負担が大きすぎた。

家で再び清太郎と同居するのは、律子にとっては地獄にもどるようなものだった。安男がいれば安心だとはいえ、ずっと傍で守ってもらえるわけではない。暴力に慄《おのの》く日々が再び幕を開けたかに見えたが、意外なところから支援者が現れる。

その頃、清太郎は普通のバイトでは仕事がつづかないので、障害者就労支援センターへ相談に行った。障害者の雇用支援制度を利用して、無理のないペースで働こうとしたのだ。面接の際、清太郎は重度のうつ病と診断され、こう告げられた。

「今の病状を見る限り、まずは生活を安定させるべきです。行政の生活支援を受けるようにしてください」

紹介されたのが、地域活動支援センターだった。ここは、障害者の生活支援や地域生活への移行等をサポートする機関だ。清太郎を担当することになったのは、羽山富《はやまとよ》美《み》というベテラン支援員だった。

富美は公判に証人として立った際、初めて家族に会った時の印象を次のように述べた。

「清太郎君がうちのセンターに来た時、家族はいろんな問題を抱えていました。まず清太郎君の早急に解決するべき課題として借金と暴力がありました。さらに奥様は清太郎君のことをとても恐れていて、旦那《だんな》様の方は代わりにすべてをお一人で背負おうとしていました。これでは遅かれ早かれ、家族はパンクしてしまうというのが私の予想でした」

富美は、問題を解決するために一つの提案を行った。それは、家族を二つにわけることだった。彼女はつづける。

「私の方から清太郎君に対して、家の近くにアパートを借りて一人暮らしをしないかと持ち掛けました。みんなのためにも家族と距離を置いて別々に住んだ方がいい、というふうに。清太郎君は一から十まで一人じゃできないので、金銭面や生活面で不安なところは私とご両親でサポートすると約束しました。清太郎君も三十代になって将来のこともいろいろと考えていたらしく、承知してくれました」

清太郎は二十歳の時に医者から障害等級の認定を受けているにもかかわらず障害基礎年金を受給していなかったことから、富美は過去五年分の年金額、約三百万円を受け取る手続きを行った。そのお金を元手にカードローンを返済し、新生活に必要な日用品を買いそろえたのだ。そして新たに生活保護を受給することで、アパートの契約費や家賃とすることにした。

新生活をはじめたアパートは、実家からそう遠くない場所だった。家族は清太郎が自立できるのか半信半疑だったが、予想以上にスムーズに事が運んだ。清太郎が富美に信頼を寄せていたのが大きかったのだろう。富美からのアドバイスをきちんと守り、段階的に買い物や掃除など一つ一つやり方を身につけていった。清太郎にしても自信がついていったようだ。

とはいえ、いっぺんに何もかもできるようになったわけではない。決まった額で買い物ができるようになっても、今度は朝昼晩の食事でお菓子しか食べずに体重が急増するとか、お気に入りの弁当だけを何カ月も食べつづけるといったこともあった。

また、薬を飲んでも強迫観念はなかなか収まらなかった。相変わらずトイレのドアの隙間からばい菌が流れてきているという妄想から、トイレで用を足すことができなくなるほどだった。

富美は語る。

「清太郎君は強迫観念を治そうとして、名古屋にある評判の病院へ新幹線で通っていたこともありました。あちらのホテルに二泊三日し、病院で認知行動療法を受けたそうです。先生と一緒にトイレに触れてみて、怖くないことを確かめたりしていたようです。病状は行ったり来たりしている感じで、時期によってかなり波がありました。スイッチが入るとものすごい強迫観念に襲われてパニックになるんですが、落ち着いている時はいろんなことが平気になる。本人には、その浮き沈みが相当つらかったと思います」

安男はアパートでがんばっている息子を応援しようと、頻繁に連絡を取ったり、食べ物を買って差し入れに行ったりした。家族が安心して暮らすためにも、清太郎にはアパートで生活してもらわなければならなかったのだ。

二〇一四年、清太郎がアパートで独り暮らしをはじめてから三年が経った。

この間、実家の隣には、結婚した長女の勝代が新居を建てて引っ越してきていた。子供が生まれたことで、育児のためにも実家の近くに住むことを選んだのだろう。小さな庭には祖父母、両親、そして孫の明るい声が響くようになっていた。

一方、アパートに住む清太郎は地域活動支援センターに通って社会復帰を目指していた。センターでは障害者同士での創作プログラムや社会交流イベントが行われており、それに参加していたのだ。

家族の目には、清太郎がセンターのサポートを受けてそれなりに生活ができているように映っていた。ある日、安男がアパートに行くと、清太郎が思いもよらないことを言いだす。

「俺、結婚するから」

「結婚？　相手はどうするんだ」

「いるよ。センターで知り合った山下《やました》って子」

よく聞くと、センターに通っている山下明子《あきこ》という女性と付き合っているのだという。彼女は統合失調症を患《わずら》っており、今は別の男性と籍を入れているものの、離婚協議中で、離婚が成立し次第再婚する約束をしたらしい。

安男は家に帰って家族にこのことを話したところ、全員が結婚は難しいという意見で一致した。心の病を抱えた二人が幸福な家庭を築く光景が想像できなかったのだ。安男も考え直すように提案したが、清太郎は聞き入れなかった。

この年、清太郎は周囲の反対を押し切って明子と入籍した。安男たちは、結婚を機に清太郎の病状が良くなるのを願うしかなかった。

しかし、結婚生活はものの数カ月で終わる。同居を開始して間もなく、明子の実家から安男たちのもとに不満の声が届くようになった。最初は「清太郎さんが娘に生活費を払っていない」「お金に困って生活が成り立たない」という内容だったが、だんだんと「うちの娘が殴られているらしい」とか「実家に帰りたいと言っている」といった不穏な話になっていった。どうやら清太郎が家庭内暴力を振るっているらしい。家庭内で起きた正確なことはわからないが、想像できるのは、統合失調症で苦しむ明子に対して、清太郎が障害ゆえに適切な対応ができていないということだ。それがお互いの衝突につながり、家庭内暴力を引き起こしたのかもしれない。

度重なる暴力によって、見かねた明子の兄がアパートへ乗り込み、妹を実家に連れ戻した。清太郎は一方的に妻を奪われたと受け取って、山下家に対して「妻を返せ」という内容のメールを連日にわたって送りつづけた。それは膨大な回数に及んだ。山下家はこれを脅迫と受け取り、一一〇番通報。警察は、清太郎を脅迫の容疑で逮捕することにした。最終的には起訴こそ免れたものの、離婚調停によって明子とは別れることを余儀なくされた。

二〇一五年、清太郎は明子と正式に離婚した。清太郎にとって、この一件は全人格を否定されるほどのショッキングな出来事だった。

彼にしてみれば、地道に地域活動支援センターへ通い、病院での治療も継続し、なんとか自立できるまでに回復したという自負があった。明子と家庭を持てたのは、その証《あかし》だった。だが、一年も経たないうちに明子と引き離され、警察に身柄を拘束され、裁判所での離婚調停にまで追い込まれた。ようやく得られたはずの自尊心はズタズタに引き裂かれた。

富美によれば、これを切っ掛けに清太郎の生活は急激に乱れだしたという。

「離婚調停が終わってから、清太郎君はこちらが驚くぐらいに病気が悪化していきました。アパートの外でする物音に過敏になり、誰かがのぞいているような錯覚にとらわれていました。朝からカーテンを閉め切って耳をふさいで怯え、一歩も外に出ようとしなくなった。食事の買い物にだって行けません。それまでは好不調の波はあったものの、最低限の生活はできていましたが、もはや一人では生きていけない状態になってしまったんです」

こうした生活をサポートしたのが、安男だった。この頃、彼は教師を定年退職し、隣町で民間の清掃業に就いていた。夕方に仕事が終わると、毎日スーパーへ寄って弁当を買い、午後五時には清太郎のアパートへ届けに行った。

清太郎が食事をしている間、安男は部屋をきれいに掃除し、何時間も雑談に付き合った。午後十一時に清太郎が睡眠薬を飲んで布団《ふとん》に入ると、自分も一緒に添い寝をして眠りにつくまで傍にいる。アパートを出るのは毎日午前零時過ぎで、遅い日には午前二時を回ることもあった。清太郎に「市販の弁当は飽きた」と言われてからは、朝早く起きて手作りで弁当を用意した。

ここまで尽くしたのは、息子への愛情に加えて、律子や勝代を守るためでもあった。

家族に暴力が及ぶのを防ぐには、清太郎の一人暮らしを維持させることが必須《ひっす》だ。

清太郎は周りからの勧めもあり、精神科では名高い病院へ行き、改めてきちんと治療を受けることにした。まずは心の安定を取り戻すのが一番だと言われたし、彼自身もそれをわかっていた。

だが、その病院で清太郎はまったく予期しなかった事実を突きつけられる。医師からこう言われたのだ。

「あなたの病気は統合失調症です。今までは強迫性障害などと見なされていたようですが、それは間違っています。これからは統合失調症の治療を行ってください」

二の句を継げなかった。約二十年間、必死にやってきた治療が無駄であり、一から別の病気の治療をスタートさせなければならないなんて。これまで治療にかけた時間は何だったのか。

清太郎は医療に対して不信感を募らせ、憤懣《ふんまん》やるかたない気持ちを安男に向け、弁当の中身が気にくわないと突き返したり、家に来る時間が遅いと怒って暴れたりしだした。

安男は息子が自暴自棄になる気持ちをわかっていたので、怒ることなく受け止めようとした。だが、夜中まで添い寝するような生活に加えて理不尽な要求ばかり突きつけられれば、身も心も疲弊する。そして、安男は疲れから事故に遭ってしまう。

以下は、安男が清太郎にそのことを送ったメールである。

安男　おはよう、昨日は強迫観念がつよかったにもかかわらず行けなくてごめん。実は清太郎に話したいことがあります。先日雨の日の夜、清太郎の家からの帰り道、自転車で事故ってしまいました。このことは心配されるので誰にも話していません。いろいろと原因は考えられますが、一番はおとうの生活のゆとりのなさかもしれません。

仕事が終わった後、家にもどって少しでも休めればいいのですが、清太郎のつらさもありますし。最近一生懸命に病気を治そうとしている清太郎の気持ちが今まで以上に感じられ助けてあげたいと思う私もいます。

そのため夕方からお弁当を持っていく時間も大切にしたいと思っています。おとうも元気で仕事をつづけたい。仕事が終わったらもちろん、緊急時には訪問したいと思います。ただ、大丈夫な日はもどって休憩していいかな。長く清太郎を支えていくためにも。

安男も清太郎の世話に追われ、自分自身が心身ともに限界に近づいていることを自覚していた。だからこそ、清太郎に頭を下げ、休ませてほしいというメールを書いたのだ。

清太郎はその申し出を許さなかった。返事は短い。

清太郎　ダメだよ。ちゃんと来て。

安男は目の前が真っ暗になった。だが、一晩考えて、清太郎の要望に応《こた》えることを決める。

安男　家に帰って考えました。今一番大切なのは、清太郎の強迫（※強迫観念）対策だと思います。昨日の相談は撤回します。もうしばらく清太郎の横で寝ることにします。不安を取り除くことが今一番大切だと再認識しました。

おとうも健康に十分に注意して今まで通りがんばっていきます。ここ一カ月せっかくここまで改善してきたので、今のままのペースで強迫に向き合っていきたいと思います。

安男には一日のうち一、二時間でもいいから心身を休める時間が必要だった。そのことは彼自身がもっとも感じており、いく度も言葉を変えて訴えた。だが、清太郎は一向に受け入れようとしなかった。

以下は、そうしたメールのやり取りだ。少し長くなるが二人の関係が顕著に表れているため、引用したい。

安男　おはよう。少しずつ薬があっているように思ってうれしく思っています。さて、一つお願いがあるのですが、四月から孫（※隣に暮らす勝代の子供）の学校もはじまります。これから水木金にクラブの練習がはじまります。今までおとうが孫たちを自転車に乗せて行っていましたが、これからは孫たちが自分の自転車に乗って私がついていくので、これまで通りの時間に清太郎の家に行くことができません。事故なくやっていかなくてはいけないので、四月からは水木金にお弁当を届けるのは七時にしてもらうと大変助かります。清太郎にもいろいろと面倒をかけますが、どうかよろしくお願いいたします。

清太郎　七時は遅いよ。話す時間が無くなるよ。いつも通りで。

安男　孫のクラブのことなので、たまに七時近くになることがあると思います。その日は事前に連絡をするようにします。よろしくお願いします。

清太郎　あのね、さっきのメールはすごく嫌だったよ。子供の年齢が上がるから、子供の数が増えたから、そういうことで予定をずらさないでほしい。そういう要望は今後一切やめてほしい。子供のことで俺に影響するのはやめてほしい。もうこれ以上俺のリスクが変わることは言わないで。

安男　おとうも清太郎といるのを大切にしたいと思っています。それにおとうに連絡をくれることも感謝しているよ。清太郎が寝ないで起きているのが大変であれば、もう少し早めに睡眠薬を飲んでもらっていいのではないかな。そっちの方が清太郎も休みやすいと思う。どのようなリズムにすればいいのかな。

清太郎　いやいや、眠らないで横になっているのは苦じゃないよ。薬も今の時間で合っているよ。俺が言いたいのは、子供のせいで来る時間が遅くなるのが嫌なの。子供のことでああだこうだ言われるのが嫌なの。子供のことでやることが増えたら、かっちゃん夫婦（※妹の勝代夫婦）で解決するべきことでしょ。お父さんが何でも引き受けるのが俺は嫌なの。それは俺の考え。だから来る時間は一定。以上。

安男　おとうも清太郎のためにけっこうがんばっているつもりなんだけど、まだまだダメかな。おとうも生身の人間だからなかなか清太郎の思うようにできていないところがあるんだね。自分の存在ってなんなんだろう、どうあるべきなのかな。それを考えるのが一生の課題かもしれないね。

清太郎　自分の存在がなんだろうなんて深く考える必要なんてないよ。どうあるべきかも考えなくていいよ。そんなこと深く考えている人は普通の人じゃいないよ。今お父さんがしていることは、俺には必要なことだからね。それだけ俺の体調がまだまだ回復していないんだから。お父さんは大切な存在だし、いろいろやってくれているよ。俺が言いたいのは子供のことだけだよ。お父さんは子供のためにやっているつもりだけど、俺の生活に影響がでるのは困るんだよね。来る時間が二十分でも遅れれば、お父さんと話す時間が減るし、なんといっても夕飯の時間が遅くなるからね。それが一番困るんだよね。あと遅くなると太るから。だから来る時間を一定にしてほしいんだ。

安男にしてみれば、末永く清太郎を支えるために日々の負担を減らしたいと提案しているつもりだった。だが、清太郎はそうは受け取らなかった。父親が自分から距離を置こうとしているのだと考え、これまで通りの関係を望んだのだ。二人の話し合いは平行線をたどった。

そんな関係性は次のメールからもうかがえる。

安男　朝から右目がかすみ、気分不良のままで、なんとか仕事を終えた。眼医者に行ったら、三週間ほど仕事を休んで安静にしなさいと言われた。顔面に異常ありとのこと。今日は安静にして休みます。また明日連絡します。

清太郎　まさか自分で（※ご飯を）買いに行けって言っているわけじゃないよね。まず連絡が遅いよ。この時間からは自分からは買いに行けないよ。何言ってるの急に。ちゃんと持ってきてよ。

安男　届けたら今日はすぐに帰らせてもらうよ。それでいいかな。

清太郎　もういいよ、それでいいよ。明日、役所に連絡して生活保護を解除させていただきます。持ってきてね。誰のせいだろうと、お父さんが来られなくなった時点で、この独り暮らしは終わりだって約束だからね。お父さんの支援がないと成り立たない生活なのです。ですので今回できないことがわかったので、独り暮らしは終わりです。明日連絡させていただきます。

安男　すぐに帰って今日は休ませてと言っているんだ。なぜそれがわからないんだ。

清太郎　結構です。お父さんがいないと不安でしょうがありません。限界です。私も限界です。お父さんも限界です。もうやめましょう、この生活は。

安男　昨日のことがあって今日ゆっくり休みたいのはおとうだけの責任じゃないでしょ。明日ゆっくり生活保護の話をしよう。今日は休ませてね。

清太郎　誰の責任とかではありません。今の私の状態で夜を一人ですごすことはできません。一日でもできません。お父さんが今日帰るのであれば、明日朝一番で役所に連絡させていただきます。

安男　体調を戻して明日からまたちゃんと生活をはじめたい。おとうだって清太郎のことが気にかかるから傍にいたいんだよ。

清太郎　だから私が傍に行きます。実家に帰ります。俺の部屋を整理しておいてください。

清太郎は、家族が自分を恐れて距離を置いていることを理解していた。だからこそ、別居をやめて実家に帰ると言えば、相手は主張を受け入れざるをえないとわかっていた。安男の方も妻子を思うあまり強固に突っぱねることができなかった。

こうした家族の関係を懸念《けねん》していたのが、地域活動支援センターの羽山富美だった。

彼女は公判でこう語った。

「離婚後の清太郎君の病状はそれまでと比べて悪化しましたが、常に何もできない状態にあったわけではありません。スーパーへ行けないと言いながら、一人で洋服を買いに出かけていたことがありましたし、体調が落ち着いている時期には知り合いが経営する中華料理店で日に三十分ほど皿洗いのアルバイトをさせてもらっていたこともありました。調子のいい時は最低限のことは自分でできたんです。

私はお父様に対して『サポートのしすぎは甘えを助長させるだけなのでよくないと思う』と話していました。ヘルパーを利用してみてはどうかとか、配食サービスをつかってみてはどうかと提案したこともあります。でも、結局お父様は『清太郎が実家に帰りたいと言っているけど、妻への暴力が心配。それなら自分がアパートに行った方がいいと思う』と言ってすべてをやっておられました。家族を守るという責任感が強すぎたんだと思います」

富美は、このままでは安男が壊れてしまうと心配し、清太郎をレスパイト入院させてみてはどうかと提案した。レスパイト入院とは、家族の介護負担を減らすために、自宅療養中の病気の人を一時的に入院させる措置だ。

清太郎は富美に説得され、レスパイト入院を受け入れた。レスパイト入院は何度か行われたが、清太郎は一度として決められた期間まで入院を継続することができなかった。

家族によれば、病棟で入院生活をはじめた途端、清太郎は同じ病室の患者の目線や、看護師の足音が気になって取り乱したという。そしてわずか数日で「もう嫌だ！　こんなところにいるのは無理。今すぐ帰る！」と言いだし、医師や看護師の制止を振り切って病院を飛び出してアパートへもどった。毎回そのくり返しだった。

アパートに帰ってきた清太郎を、安男は黙って迎え、これまでと同じように身の回りの世話をした。最初は家族を守るという意識が強かったが、途中からはお互いに離れられない関係になっていた可能性が否《いな》めない。それを示すのが、法廷での彼の言葉だ。

「親として面倒をみるのは当たり前だと思っていました。親なら子供を大切にするでしょう。大変だという思いはありましたが、嫌だとは考えたことはありません。彼と話すのは楽しかったし、彼も私にそれを望んでくれていました。私を頼ってくれて、何でも話をしてくれる。それで彼が安心してくれればよかった。病院で『今ある幸せは？』という質問を投げかけられた時、彼は『お父さんがいてくれること』と書いていました。これは彼の本心だと思っています」

毎日夕方から午前零時前後まで世話をする中で、安男はこうしたことにある種の喜びを見出《みいだ》すようになっていた。逆に言えば、そうでもしなければ、ここまで献身的に息子の世話をすることはできなかっただろう。

二〇一八年に入って間もなく、再び清太郎を取り巻く環境が変わる。ある日、地域活動支援センターの羽山富美から次のように言われたのだ。

「私は、三月で地域活動支援センターを定年退職することになりました。長年ありがとうございました。これからは別の新しい職員が担当になりますので、きちんと引継ぎをしておきたいと思います」

約十年にわたって付き合ってきた富美は、清太郎にとって自分を理解し、支えてくれる唯一無二の存在だった。安男や律子にとっても、これまでどうにかやってこられたのは彼女の支援があったからだ。家族は、命綱を失ったような気持ちになった。

五月になって、センターから新たな男性の担当者が決まったという連絡が入った。安男と律子はさっそく面談に行ったが、先のことについては不安しかなかった。新任の担当者が悪いわけではないが、一朝一夕では清太郎との信頼関係を築いていくことはできない。数年かかるとしても、その期間は自分たち家族だけでサポートをしなければならないのだ。

律子は新任の担当者に思わずこう語った。

「毎日、いつ清太郎が家に帰ってきて私を襲うかもしれない恐怖の中で生活しています。私は彼に殺されるかもしれません……」

新任の担当者は「がんばりましょう」と励ますだけだった。

翌月、早くも安男たちの懸念が現実のものとなる。その日は、真夏を思わせるような暑さだった。安男はいつも通り清掃の仕事が終わった後、夕食の弁当を持って清太郎の暮らすアパートへ向かった。清太郎は弁当を食べたものの、「気分がイライラする」と落ち着かない様子だったため、安男は椅子《いす》に座りながら息子の背中をやさしくなでていた。

清太郎の様子が変わったのは少ししてからだ。呼吸が荒くなったかと思うと、突然安男の手を振り払って立ち上がった。顔が恐ろしいほどこわばっている。

「どうした？　大丈夫か」と安男が尋ねる。

「もう、生きていけない！　無理だ！」

そう叫ぶや否や、清太郎は安男の椅子を蹴り倒した。安男が床に倒れ込む。安男は慌ててなだめた。

「清太郎、わかったから落ち着きなさい」

「生きていけない！　俺、生きていけない！」

「背中をなでてあげるから、もう一度横になって」

清太郎はその言葉に従おうとしたものの、興奮が冷めやらずに再び息を荒らげて起き上がった。安男が「落ち着きなさい！」と言うと、いきなりファイティングポーズをとって殴りかかってきた。

安男は必死に押さえる。

「暴力はやめなさい！」

それでも激しく抵抗してくる。安男は身に危険を感じ、力いっぱい息子の顔を叩いた。

「いい加減にしろ！　暴力はやめろと言っただろ！」

安男はつづけた。

「落ち着きなさい！　ここで暴れるな！」

清太郎はひるんだように腕を下ろしたものの、興奮が収まらず肩で息をしている。

安男はすごんではみたものの、内心では気が気でなかった。これまで律子に手を上げることはあっても、自分にはなかった。清太郎の中で何か変化が起きたということなのか。ひとまずこの場を離れた方がいい。

彼は荷物をまとめた。

「おとうは今日はこれで帰るからね。いいね」

そう言い残し、逃げるように出ていった。

アパートに取り残された清太郎は、自分がやってしまったことに気がついてうろたえはじめた。父親に見捨てられたら一人では生きていけない。彼は追いかけようとアパートを飛び出したが、父親の姿は見当たらなかった。彼は、通りかかったタクシーを止め、実家へと向かった。

実家には、清太郎の方が先に到着した。玄関のドアを開けようとしたが、鍵《かぎ》がかかって入れない。安男が帰る途中で律子に電話をし、アパートでのトラブルのことを話して、清太郎が来るかもしれないので家の戸締りをするようにとつたえたのだ。律子は奥の部屋で息をひそめて隠れていた。

清太郎は、仕方なく隣にある勝代の家へ行った。玄関に出てきた義弟に泣きついて、今しがた起きたことを訴えた。父親に暴力を振るってしまったこと、それで叱《しか》られたこと、許しを請《こ》うために帰ってきたことなどだ。

一通り思いのたけをぶつけると、清太郎は再び隣の実家にもどった。裏側へ回ったところ、窓が網戸になっているのに気づいたので、そこから家の中に入った。

この時、奥の部屋では、律子が物音を聞いて狼狽《ろうばい》していた。もし鍵をかけて清太郎を締め出していたのが知られたら、殺されるかもしれない。彼女はトイレにいたふりをして自分から出て行くことにした。

律子は平静を装《よそお》ってリビングルームに現れた。ソファーに清太郎がすわっていた。

「あら、せいちゃん、うちに来てたんだ。びっくりした。私、トイレに行ってたのよ」

清太郎は何も言わず、ソファーにすわったまま全身をふるわせて頭を抱えていた。様子が変だ。

「どうしたの？　せいちゃん」

清太郎は涙目になって言った。

「どうしよう、おとうとケンカしちゃった！」

「なんでケンカになったの？」

「だって、だって、おとうにやられたんだもん！」

律子は気丈に振舞って言った。

「そうなんだ。お父さん、もうすぐ帰ってくると思うから、私の方から話してあげるね。みんなで話し合ったらわかってくれるよ」

「おとうは話してくれないかもしれない」

「大丈夫だから安心して。私がちゃんと間に入ってあげるから」

律子はそう言いながらも、清太郎がいつ逆上して暴れはじめるかと気が気でなかった。

この日、安男が家に帰ってきてから、リビングルームで話し合いが行われた。アパートでの出来事はお互いに間違っていたと認め合い、仲直りすることにした。安男は今後のことに不安を抱いていたが、清太郎もそれは同じだったようだ。自分でもまさか父親に危害を加えるとは思っていなかったらしい。翌日、清太郎は定年退職した富美にこのようなメールを送っている。

清太郎　昨日アパートでお父さんと大ゲンカしたよ。（中略）俺は最近生きているのがつらいよ。本当につらい。シャワーを浴びても、髭剃《ひげそ》りも、爪《つめ》切りも、洗濯もつらい。すごく自殺したくなってナイフでお腹《なか》を切りたくなって、病院に電話したよ。俺は最近二十五年の病気との生活につかれた。何回病院が代わろうとも治らない。そして統合失調症と言われたショック。もう毎日生きているのが苦しい。もう歩きたくない。もう生きたくない。

清太郎は病気との闘いに疲れ果てていたのだろう。父親とも関係がうまくいかなくなり、家庭は崩壊寸前である。真っ暗な絶望の中でもがき苦しんでいたのだ。

そんな中で、清太郎は精神をかき乱されていく。この頃に、安男に送ったメールを見れば、狼狽ぶりがわかる。

清太郎　お父さん何時に帰ってくるの。不安だ、不安だ、不安、不安、不安、不安、不安、不安だ、不安だ。不安、不安、不安だ、不安、不安。

清太郎　体調が悪いよ。不安だよ。また叫びそうだよ、疲れが取れないよ、不安だよ、疲れているよ。つらいよ。つらいよ、つらいよ。

清太郎　不安だ、不安だ、不安だ、不安だ、不安だよ。体中がかゆいよ。この暑さで余計にかゆいよ。かゆいよ。かゆいよ。今から皮膚科に行くって。薬が間違っているよ。タリオンは一回一錠じゃなくて一回二錠だよ。

清太郎　皮膚科に行って。病院に行ったときからそうだったと話してね。直接診察受けて先生にきいてきてね。だからタリオンが間違っているの。皮膚科の受付六時までだから。薬持って、早く皮膚科に行ってきて。

清太郎　早く、どこ行っているんだよ。すぐ。六時までにもう一度皮膚科に行ってね。早く、何やっているんだよ。先生の言いなりじゃねえかよ。何回間違えているんだよ。薬をおきっぱなしで行くなよ。早く行ってこい。飯が遅くなる。

取り乱したまま、メールを送っていたのだろう。

安男はメールの中に息子の病状の悪化を感じる度に途方に暮れた。ここまでがんばってきたが、もはや自分一人ではどうすることもできない。家族に危害が及ぶのは時間の問題ではないか。日に日に焦《あせ》りが募っていく。

アパートでの衝突から一カ月が経《た》った七月、勝代の家で誕生日パーティーが開かれることになった。勝代一家には四人の子供がおり、誕生日にはみんなで集まってお祝いをするのが習わしだった。七月は清太郎の誕生月でもあったことから、清太郎も一緒に祝うことになったのである。

この日のパーティーは、主役の子供を中心にして盛り上がった。ご馳走《ちそう》が並べられ、飲み物が振舞われる。勝代の家族だけでなく、安男や律子も久々に大きな声で笑い、楽しい時間を過ごした。子供たちもケーキやプレゼントに喜び、楽しそうにはしゃいでいた。

パーティーがお開きになった後、清太郎は安男や律子とともに隣の実家にもどった。勝代の家ではおとなしかったが、実家の玄関に入るなり、清太郎はいら立ったようにブツブツと独り言をつぶやきだした。安男からどうしたのかと尋ねられると、眉《まゆ》をしかめて言った。

「なんでかっちゃん（勝代）の家族はあんなに幸せなのかな。みんなぶっ殺してやりたくなってくる！」

「おい、殺すって、何を言ってるんだ？」

「だから、殺したくなるって言ってるだろ！　わかんねえのかよ。刺してやりてえ。子供たちもみんな許せねえよ！」

清太郎は自分の境遇と照らし合わせて、勝代一家の幸せそうな姿が許せなくなったのだ。安男は「殺す」という言葉を聞いて総毛立つ思いだった。

翌日になっても、清太郎は腹の虫が収まらないらしく、前の晩と同じように勝代一家への恨み言を口にしていた。普段は何か気に入らない出来事があっても、一晩眠ればさっぱりと忘れていたが、今回だけは二日経っても三日経っても、勝代一家への攻撃的な言葉は止《や》まなかった。

安男は、清太郎が本気で勝代一家に危害を加えようとしているのではないかと気が気でなかった。食べ物も喉《のど》を通らなくなり、眠ってもすぐに起きてしまうほどだった。

この頃、清太郎は一通のメールを富美に送っている。

清太郎　暑いね。精神の病気は安定しない時間があるからつらいよ。あと隣にかっちゃん家《ち》があるからつらいよ。ありのままに怒りたいのに、聞こえるから怒れないよ。ありのままに怒りたいよ。かっちゃんがいなければいいのにって思ってしまうよ。

あと、かっちゃん家に行くと、家族や子供の写真がたくさんあるよ。それを見ているとうらやましいと思う気持ちが出てきて、次にイライラする気持ちが出てきてしまうよ。自分もこんな家族がほしかったと思ってしまうよ。

俺がイライラまでいくのは病気のせいかな。かっちゃん家族がいるのはうれしい気持ちもあるんだけど、うらやましい気持ちやイライラが出てきてしまうのでつらいよ。

これを読む限り、清太郎はまだ自分のことを客観的に捉《とら》えられていたように思える。おそらく「殺す」というのは感情的になるあまり口をついて出た言葉だろう。だが、安男は憂慮するあまり、言葉通りの意味で受け取ってしまった。彼自身、平常心を失いつつあったことから、今にでも清太郎が孫を殺しにくるような気がして、頻繁に様子を見に行き、清太郎に孫を近づかせないよう勝代に注意した。

——自分しか家族を守れる者はいないんだ。

安男の頭はその使命感でいっぱいになり、他のことが考えられなくなっていたのである。

七月十七日、東京は最高気温が三十五度の真夏日だった。午後五時、安男は仕事を終えて自宅に帰ってきた。仕事の疲れや不眠が重なって疲れ果てていたが、この日は用があって清太郎が実家に来ることになっていた。

安男はリビングに入ると、驚く光景を目にした。清太郎が真っ青な顔をして狼狽するように室内を歩き回っていたのだ。

何か起きたのだろうか。尋ねると、清太郎は答えた。

「エアコンがおかしいんだよ。動かないんだ……。なんでなのかな。なんでかな」

少しだけ胸を撫《な》でおろしたが油断は禁物だ。安男は警戒しながら一緒になってリモコンの電池を替えたり、エアコンの電源を入れ直したりしたが、元通りにはならなかった。

午後七時近くになって、外出していた律子が帰宅した。律子は清太郎がいるのを見て身がすくむのを感じた。彼の前に立つだけで、家庭内暴力のトラウマが蘇《よみがえ》って全身が凍りつくのだ。安男はそれを察して清太郎に言った。

「なあ、おとうと二人で二階へ行こうか」

「どうして？」

「部屋でリモコンを直そう」

清太郎は嫌がるそぶりも見せず、「うん」と言って二階にある自分の部屋へ上がっていった。

二階の部屋で、安男と清太郎はしばらく話をしていた。いつものように一方的に話をする清太郎に、安男が相槌《あいづち》を打っていた。

　一時間ほどして、清太郎が言った。

「おとう、喉渇いた」

「そうか」

「下に行って、ちょっと水くんでくるね」

　清太郎はそう言い残し、部屋を出て行った。

　安男が部屋で待っていたところ、突如一階から悲鳴が聞こえてきた。律子の声だ。

　安男が慌てて階段を駆け下りていくと、律子が顔を押さえて床にしゃがみこんでいる。

「律子！　何が起きた！」

　彼女は泣きじゃくるだけだ。傍では、清太郎が仁王立ちしている。

「どうしたんだ。なぜ泣いてるんだ」

「台所にいたら、せいちゃんに、いきなり殴られたの……」

　水を汲《く》みに行った清太郎が何の前触れもなく顔面を殴りつけてきたという。顔の一部が赤く腫《は》れている。

　安男は律子を抱きしめて言った。

「病院行くか」

「明日にする。もう遅いから……」

清太郎がそれを聞いて叫んだ。

「病院行ったら、お母さん、俺が殴ったことをバラすよね！」

律子が青ざめる。清太郎はつづける。

「そしたら、俺、警察に捕まるじゃん！　お母さん、絶対に俺のやったこと言わないでよ。もしお母さんが話をして、俺が警察に捕まったら、警察から出てきてソッコーでお母さんのこと殺すからね！」

安男は、清太郎を制した。

「もうわかった。おとうはお母さんと話がしたいから、今日はアパートに帰りなさい」

「嫌だ！　おれ、家にいる！」

「ダメだ。帰りなさい」

「嫌だ！　絶対に帰らない！」

「わかった。それなら二階の部屋にもどりなさい。今はここにいちゃダメだ」

清太郎はふてくされたように乱暴に階段を上がっていった。

この夜、安男は清太郎に二階の自室から出ないように告げ、自分は一階で律子の傍にいることにした。律子は殴られた箇所がだいぶ腫れ上がり、息子への恐怖でガタガタと身を震わせている。安男はそんな妻を慰めながら、家族が崩壊の瀬戸際《せとぎわ》にあることを認めずにはいられなかった。

午後十一時十五分、二階の部屋にいた清太郎が階段を下りてくる音がした。睡眠薬を取りに来たのだ。足音を聞いた途端、律子があわあわと動揺しはじめる。また自分を殴りに来たのではないかと思ったらしい。

安男は、妻が壊れるのは時間の問題だと思った。状況は日を追うごとに悪化していくだけだ。そんな生活があと何年、何十年つづくのか。

彼は律子を労《いた》わった。

「お母さん、大丈夫か？」

震えは、歯が音を立てそうなくらい激しい。

「明日、病院へ行った方がいいよ」

「うん、明日行く。あの子、いつもよりおかしいから……。先生もわかってくれると思うから、起きたことを正直に言うことにする」

「そうだな」

しかし、病院で医師に起きたことを話したと知ったら、清太郎はどういう行動に出るだろうか。律子だけでなく、勝代や孫まで殺そうとするのではないか……。

安男は頭を空っぽにしようと浴室へ行ったものの、シャワーを浴びている最中も、危機感は膨らんでいくばかりだった。

この時の気持ちを、安男は後の公判でこう語った。

「あの夜、妻は明らかに衰弱していました。これまでもうつになっていて、いつか自殺するんじゃないかって心配していたんですが、清太郎の暴力の後の様子を見てそれが確信に変わりました。だとしたら、自分の手で妻を守るしかないと思いました。風《ふ》呂《ろ》を出てからは、ずっとそのことばかり考えていました」

遅かれ早かれ、律子は耐えられなくなって自殺に追い込まれる。そうでなければ、清太郎に殺されるだろう。ならば、その前に自分の手で清太郎を殺すしかないのではないか。

安男は平常心を失う中でそんなことを思い詰めていく。それでも清太郎は自分にとってかわいい息子であることには変わりない。命を絶つのならば、できるだけ楽に逝《い》かせてあげたかった。安男は悩んだ末に、睡眠薬がもっとも効いて深く眠りについている時間帯に実行することを決めた。それがせめてもの親心だった。

彼は腹を括《くく》ると、いったん寝室にもどって仮眠をとり、午前三時過ぎに起きた。睡眠を挟んでも、決意は微塵《みじん》も揺らいでいなかった。首を絞めるための道具を探したところ、電気ポットのコードを見つけた。

廊下に出て耳をすますと、二階の部屋はしんと静まり返っていた。安男はそっと階段を上がって、部屋のドアを開ける。六畳間の布団の上に、清太郎が仰向けになっていびきをかいている。睡眠薬が効いているのだろう。

安男は枕元《まくらもと》に腰を下ろし、息子の寝顔を見つめた。かつて清太郎から生きる意味を問われた時、彼はこんなふうにメールで答えた。

安男　みんな生きている人は価値があると思うよ。人間はみんな病気などいろんなものを抱えて生きているよ。そして抱えているものはみんな違う。比べるものでもない。それを抱えてどう生きていくかだ。生きていれば必ず誰かに勇気を与えるから、価値ある人生になる気がする。

今までこうした信念で清太郎の生活を支えてきた。だが、それも今夜までだ。父親として、妻や娘、そして幼い孫の命を守るために殺さなければならないのだ。

安男は持ってきたコードをそっと清太郎の首に巻きつけた。清太郎は眠っていて気づかない。安男は両手でコードを握りしめ、力いっぱいそれを引っ張った。コードがギリギリと音を立てて首の皮膚に食い込む。

いびきが止まったかと思うと、清太郎が突然上半身をぐぐっと起こしてきた。さらに力を入れて引っ張ると、再び体が布団に沈んでいく。早く逝ってくれ。願うような気持ちで首を絞めつづけた。

時間にして三分から五分くらいだったろうか、安男は清太郎の全身の力が抜けているのに気がついて手を緩めた。仰向けになった彼はもう呼吸をしていなかった。これで終わったのだ。

安男はコードをその場に置き、枕元にすわり込んだまま約三十分間、息子の死に顔を見つめた。彼が何を考えていたのかはわからない。これまでの苦悩を思い返していたのだろうか。それとも清太郎の成仏《じょうぶつ》を祈っていたのだろうか。

午前四時、安男は二階の部屋を出て、一階の寝室へ下りていった。ドアを開けると、布団では顔を腫らした律子が寝息を立てていた。

安男は妻に言った。

「大丈夫だよ、もう安心しなさい」

律子は夫の声を聞いて目を開けた。顔の殴られた箇所がじんじんと痛む。眠そうな目をこすって言う。

「どうしたの？」

「俺、自首するから。もう大丈夫だ」

律子は「自首」と聞いて胸騒ぎがしたが、何が起きたのかまではわからなかった。

そうこうしているうちに、安男は眼鏡やバッグを用意し、携帯電話で誰かと話しはじめた。律子はふと電気ポットのコードがなくなっていることに気がついた。何か恐ろしい予感がした。

「お父さん、電気ポットのコードがないんだけど……」

「うん、そうだよ」

安男はそれ以上言わなかった。

間もなく、家の前にタクシーが止まった。先ほどの電話で呼んだのだという。

「どこいくの？」

「警察署だよ……」

「け、警察？」

「じゃあ、行ってくるからね」

安男はそう言い残し、手荷物を持ってタクシーに乗り込んだ。

家に取り残された律子に刑事から電話が掛かってきたのは、それから数十分後のことだった。刑事はこう言った。

「楠本安男さんの奥様でしょうか。先ほど、安男さんが警察署に自首しに来ました。息子さんを手に掛けたと言っています。恐れ入りますが、二階の息子さんの部屋へ行って、確かめてきていただけないでしょうか」

この電話で初めて、律子は夫が清太郎を殺害したことを知ったのである。

約半年後の冬、裁判が行われた。罪名は、殺人罪。

安男は自首し、殺意も含めて全面的に罪を認めたことで、裁判の争点は量刑のみに絞られた。弁護士の隣で、スーツ姿で眼鏡をかけて姿勢を正す姿は元教師らしくもあった。

裁判官と裁判員が一様に疑問を抱いたのは、なぜ安男は一人で何もかも抱え込んで事件を起こすまでに至ったのかという点だった。病院などもう少し他に頼りようがあったのではないか。

安男はその理由を次のように語った。

「清太郎は十五歳の時から数えきれないくらいの病院へ行っていました。行く先々でたくさんの薬を処方されて、一生懸命に治療に励んでいたんです。副作用で苦しんだこともありました。それなのに、二十年以上経って別の医者の先生から『統合失調症だった』と診断を覆《くつがえ》されてしまいました。こんな中で、清太郎に医療者を信じろ、ちゃんと治療しろとは言えませんでした。レスパイト入院も、他人と一緒にいると強迫観念が膨らんでしまうので逆効果なんです。病院からもどってくると、毎回病状が悪化していて落ち着かせるのが大変でした」

長い年月、医療に裏切られてきたことで、もはやそこへの期待が失われていたということなのだろう。

では、警察に家庭内暴力のことを相談しなかったのはなぜなのか。安男は次のように説明した。

「清太郎が暴力を振るう原因は心の病にあります。なので、警察に訴えて逮捕してもらったところで、それが良くなることはないのです。いろんなことが無駄に複雑になるだけです。それなら私がちゃんと寄り添って、アパートで自由に過ごさせてやりたかった。結果として事件を起こしてしまったのは、私の力不足だと思っています」

安男は清太郎のことを誰よりわかっているからこそ病院や警察に頼らず、自分の手で支えることを決めたのだ。結果としてそれが事件につながったのだが、その判断が完全に間違いだったと断言できるのだろうか。

　他方、事件について家族はどのように捉えているのか。

まず律子の証言に耳を傾けたい。彼女は夫が危惧《きぐ》していた自殺願望について次のように述べる。

「私は、これ以上暴力を振るわれてみじめな思いをしたくないと考えていました。でも、あの子をおいて死ぬことはできませんでした。寂しがるでしょうから。だから、死ぬなら、世の中に迷惑をかけずにあの子と一緒にと考えていましたが、どうやったらそうできるかわかりませんでした」

律子は清太郎と心中することを考えていた。その点では、安男の予想は的中していたことになる。

　さらに律子は事件についてこう語る。

「清太郎は私を殴る際に『俺をどうして産んだんだよ』と言っていました。思うように生きられないつらさがあったのでしょう。私は『ごめんね、ごめんね』と謝るしかありませんでした。たらればになりますが、あの子も私も夫も、その時々で必死に生きていたように思います。何が正解で、何が誤りだったのかは、今でも判断がつきません。そんな中で、面倒見がよくて、一生懸命に私たちを育ててくれた夫がこういうことになってしまい、未《いま》だに何と言っていいのかわかりません」

律子にしてみれば、ここまでやってこられたのは夫のおかげだと思っているし、その時は他に選択肢がなかったと考えている。だからこそ、夫にすべての責任を負わせることに後ろめたさを感じているのだ。

では、長女の勝代の方はどうか。

勝代が事件を知ったのは、夜が明けてからのことだった。警察が自宅に訪れ、起きたことを説明したのだ。彼女はそれを聞いた時、「ホッとしてしまった自分がいました」と率直に認めている。理由を次のように語る。

「兄は病気である一方で、家族への暴力など犯罪者としての一面を持っていたので、いつか事件を起こすんじゃないか、いつか母が殺されるんじゃないか、いつか息子たちがやられるんじゃないかってビクビクして暮らしていました。兄が騒いで包丁を持ち出したこともありました。だから、兄が死んだと聞いた時、その恐怖から解放された気持ちになってホッとしたんです」

だが、こうも語る。

「父は愚痴をこぼさず、一人で何もかも抱え込んで、兄の世話をしていました。父にしてみれば、自分がやらなければ、母が犠牲になるという思いがあったんでしょう。

そのことについては、もっと父の相談相手になってあげればよかったとか、話ができる状況をつくってあげるべきだったと反省しています。これまで、父は苦しみながら兄に尽くしてきたので、これからは母と一緒にゆっくりと過ごしてほしいです」

　この言葉が、偽らざる気持ちだろう。

　裁判での証言を受け、検察は懲役五年を求刑し、弁護側は執行猶予を求めた。裁判官と裁判員がそれを踏まえて出した一審の判決は次の通りだった。

——懲役二年。

　安男が追い詰められた事情は理解できるものの、清太郎は就寝しており、妻の律子も翌日病院へ行くと話していたことから、殺害が認められるほど「切迫した状況になかった」として執行猶予がつかない実刑判決が下されたのである。

　閉廷後、傍聴席にいた律子は、放心したように視線を宙に彷徨《さまよ》わせていた。

3　ATMで借りられなくなったら死ぬしかない〈貧困心中〉

東京の沿岸部を走る京急本線の周辺の一部は、昭和の時代までは「京浜工業地帯」を象徴する地区の一つとして栄えていた。だが、その後は産業の衰退に伴って時代から取り残され、さびれた景色が色濃く残る町となっている。

そんな地域の住宅街の奥に足を踏み入れると、入り組んだ路地には築五十年以上と思《おぼ》しき家屋が肩を寄せ合うようにひしめいている。家の前には錆《さ》びだらけの自転車やオートバイが放置され、開け放しの玄関からはラジオの音が響く。物干しに引っ掛かるようにぶら下がっているのはお年寄りの伸びた下着ばかりだ。

大通りに近いところには、町工場や商店があるが、閉店して久しいところも少なくないようだ。シャッターが下り、看板の塗装は剝《は》がれ、壁は苔《こけ》むしている。ゴミが散らばる駐車場には野良猫《のらねこ》がたむろする。

今回の事件の加害者である井田貴志《いだたかし》（仮名。以下同）が、この町で生まれたのは一九七一年のことだった。当時は今と違って大きな工場がいくつもあり、町工場の煙突から絶え間なく灰色の煙が立ち込めていた。全国からやってきた労働者たちが三交代で働いていたことから、昼夜の区別なく活気があった。第二次ベビーブームで子供の数も多く、平日の放課後や土日ともなれば、公園や道路は子供たちの遊ぶ声につつまれた。

井田家は、そんな町でそば屋を営んでいた。二階建てで一階が店舗、二階が住居だ。毎日早朝から父親の一雄《かずお》と母親の彩子《あやこ》は店に出て、手分けして仕込みをした。工場の休憩時間には労働者たちが一斉に押し寄せて店の前に列をつくるため、親戚《しんせき》や近所の人にパートとして手伝ってもらっていた。

店は繁盛《はんじょう》していたものの、家族の私生活は荒《すさ》んでいた。原因は、一雄の浪費と夜遊びだった。一雄は店ではそれなりに働くのだが、営業時間が終わると後片付けを妻に任せて、レジの金をポケットにねじ込んで夜の街に出かけてしまう。スナックやキャバレーをハシゴし、千鳥足になって帰ってくるのは日付が変わってからだ。そのため、店が儲《もう》かっていても、家計は常に火の車で、仕入れにも困る有様だった。

そんな夫婦の元に生まれた貴志は、幼い頃からずっと放っておかれた。両親は早朝から店に出ていたし、夜も母親は店の掃除、経理、それに家事と様々なことに追われていたため、丸一日布団《ふとん》の上で放置されていることも珍しくなかった。一歳を過ぎてもハイハイができなかったというから、育児放棄同然だったのだろう。

こうした家庭環境を心配したのが、愛知県に暮らす母方の祖母だった。二歳の貴志が未《いま》だに言葉を口にしないことを知り、これ以上放っておけないと考えたようだ。祖母はこう言った。

「このままだったら、貴志はまともに育たないよ。あんたたち夫婦が育てられないなら、私が時間のある時に東京に行くよ」

祖母は数カ月おきに東京にやってきては、両親の代わりに貴志の世話をした。幼い貴志にとっては人の愛情を感じられる大切な時間だった。だが、電車代もかかる上に体力的にもきつくなり、一年余りで祖母の東京通いは終わった。

貴志は幼少時代を次のように振り返る。

「子供の時に、親に構ってもらった記憶はまったくありません。覚えているのは、誰もいない部屋で朝から晩までテレビの前で過ごしていたことです。ただただ寂しいという気持ちでした」

こうした生活のせいか、貴志は人に自分の気持ちをつたえたり、信頼関係を築いたりすることが苦手な性格になり、人付き合いを避けるようになっていく。

地元の小学校に入学してからも、貴志を取り巻く家庭環境は良くならなかった。一雄の金遣いは荒くなる一方で、それを良く思わない彩子との間では口論や罵《ののし》り合いが絶えず、いつも行きつく先は家庭内暴力だった。一雄は酒癖が悪く、酔った勢いで彩子が足腰立たなくなるまで殴りつけることが珍しくなかった。酩酊《めいてい》して真夜中に帰ってきたと思ったら、いきなり理由もなく暴れることも度々だった。

貴志にとって、そんな一雄は恐ろしい存在でしかなく、顔を見るだけで体が凍りつくほどだった。

その父親の理不尽さを示す苦い記憶がある。ある日、家に帰ると、一雄が床に横たわっていた。その横を通り過ぎようとして、一雄の背中に足が触れた。すると、一雄が飛び起きて力いっぱい貴志の顔面を殴りつけた。貴志は鼻や口から流れる血を押さえて、自分が何かしたのかと尋ねた。

一雄は言った。

「今、俺は背中を怪我《けが》してんだよ！」

背中の怪我なんて知る由《よし》もなかったが、機嫌が悪いと言いがかりをつけて手を上げるのが一雄だった。

日々の生活の中で貴志が何よりも嫌だったのが、一雄の拳《こぶし》が彩子に向かうのを見ることだった。あまり顔を合わせずとも、母親からは愛されているという感覚があったのだろう。だからこそ、そんな母親が理不尽な理由で殴られて泣いているのを目にすると、胸が痛んで息ができなくなった。

彼は言う。

「お父さんは嫌いでしたが、お母さんはかわいそうだと思っていました。あんなに働いているのに何でもないことで叩《たた》かれて……。子供の時は助けてあげたくてもあげられなかったので、別れればいいのにって思っていました。そうでなければ、僕が大きくなってから守るしかないと考えていました」

夫婦の間では離婚の話が出たこともあったが、彩子がそれに踏み切ることはなかった。小学生の息子を連れて家を出たところで、シングルマザーとして生活に窮するのは明らかだ。それなら息子が大きくなるまでは歯を食いしばってでも耐え抜こうと考えたのではないか。

貴志は中学生になっても父親の影に怯《おび》え、日常生活でもその影を引きずっていた。いつもおどおどして、何かをしゃべろうとしても言葉につまり、同級生が相手でも意見を口にすることさえままならない。周りからは根暗だと嘲《あざけ》られ、つまはじきにされた。

彼は言う。

「学生時代は、友達がぜんぜんいませんでした。それより家のことの方が大変だった……。父が家にいる時は、怖くて外にいるようにしていました。そうしないと、大変なことになるから……。高校の時とかもずっとそうでした」

思春期になっても、貴志の頭の中は父親の暴力に対する恐怖心で一杯だったのだ。

高校卒業後、貴志は実家を出て、近所のアパートで一人暮らしをはじめた。アルバイトだったので生活は楽ではなかったが、十八歳を超えてようやく安心して過ごせる住まいを手に入れた喜びは大きかった。二十五歳の時には、より良い収入を求めてタクシー会社で運転手として働きだす。

この頃、実家のそば屋には大きな変化が訪れていた。バブル崩壊の不景気の波をまともに受け、京浜工業地帯にはリストラや倒産の嵐が吹き荒れていたのである。特に家族経営の町工場は経営難に陥り、一つまた一つとつぶれていった。

町の労働者の数が急激に減っていったところに、大通り沿いに全国チェーンのコンビニエンスストアやファストフード店が進出しだした。そば屋はたちまち客を奪われ、売り上げが落ちていった。

こういう状況下では、早々に撤退するか、業種を変えるなど大規模な転換をするかしなければ、時代の波に押しつぶされてしまう。だが、一雄の頭にはそうした危機感はなかった。

「ここは俺の店だ。誰に何と言われようとも、死ぬまでそばをつくりつづける！」

自分を取りまく状況を理解していなかったのか、夜遊びも止《や》めようとしなかった。やがて家計は成り立たなくなり、彩子は金を借りるために親戚中を駆けずり回った。だが、店を開けても、客が来なければ食材はゴミとなり、借金だけがかさんでいく。月々の光熱費や水道代にさえ困るようになり、しばらくして店は休業となった。

家を出ていた貴志が実家の窮状に気がついたのは、冬の寒い日のことだった。貴志は三十代になっていた。休みの日に久々に実家の母親に会いに行ったところ、思ってもみなかった光景を目《ま》の当《あ》たりにする。二階の住居からはほとんど家具がなくなり、母親がストーブをつけることもできず、破れて羽毛が飛び出した布団にくるまってガタガタと震えていたのだ。羽をむしり取られた鳥のようだった。

貴志は事情を聞いて一雄を憎んだが、何を言ったところで耳を傾ける性格ではないのはわかっていた。下手に口を出せば、母親が逆恨みされる可能性もある。それでもあまりに不憫《ふびん》だったので、貯金を下ろして新品の布団を買ってあげることにした。母親にはせめて夜くらいは暖かくして眠ってほしかった。彩子は何度も頭を下げて「ありがとう」をくり返した。

それから何日かして、貴志は様子を見るために再び実家を訪れた。驚いたことに、寝室には自分が買った新品の布団がビニールに入ったまま置かれていた。使用された形跡がなく、母親は相変わらず破れた布団をつかっている。

貴志は尋ねた。

「お母さん、どうしたんだよ。なんで新しい布団をつかわないの？」

彩子は申し訳なさそうに答えた。

「これは、貴志が働いたお金で買ってくれた大切なお布団だろ。こんなに汚らしい家の床に敷いたら、お布団がかわいそうでならないよ」

貴志は母親がそこまで自分の贈り物を大切にしてくれていることに感動し、なんとしてもこの状況から救わなければと思った。これ以上、不幸のどん底に置き去りにするわけにはいかない。

「なあ、お母さん、この家を出ないか」

「え？」

「僕、近くにマンションを買うから、そこで一緒に暮らそうよ。店はダメなんだろ。

もう親父《おやじ》といる必要なんてないんだから、これからは僕の給料で食っていけばいい」

一雄に何の未練もなかった彩子には断る理由はなかった。

二〇〇六年、貴志は二千万円の住宅ローンを組み、実家とは京急本線の線路を挟んだ反対側に建つマンションを買った。三階にある２ＬＤＫの部屋だった。彩子は一雄のもとを離れ、わずかな荷物を担《かつ》いでやってきた。

貴志にとっては、ようやく母親を幸せにし、愛情に報いることができたという思いだった。後は自分がタクシーの仕事をがんばればいい。

マンションに移り住んだことで、貴志と彩子は親子二人きりの平穏な暮らしを手に入れることができた。それは貴志が物心ついた時から切望していたものだった。

貴志にとっては毎日が心躍るような日々だった。タクシーの業務は不規則だったが、朝でも夜でもマンションに帰れば彩子が待っていてくれて、部屋がきれいに掃除されている。洗濯物にはアイロンがかけられ、食卓には手料理が並ぶ。子供時代は食卓を囲んだ記憶さえほとんどなかったので、向かい合って温かいご飯を食べているだけで自然と笑みがこぼれた。

彩子にとっても、一雄と結婚してから初めて手に入れた自由な時間だった。家で用事をする以外は、電車に乗ってショッピングへ出かけたり、喫茶店でゆっくりとお茶をしたりする。朝から晩まで生活の心配をして働くだけだった彼女にはまったく新しい人生だった。

しかし、そんな日々は長くはつづかなかった。引っ越しから数カ月後、彩子が自転車に乗っていたところ、突然飛び出してきた大型トラックに撥《は》ねられたのである。彩子はアスファルトにたたきつけられ、頭蓋骨《ずがいこつ》が陥没し、右目が飛び出すほどの重傷を負った。救急車によって病院に運ばれて治療を受け、なんとか一命を取り留めたものの、右半身に麻痺《まひ》が残り、右目は失明、嗅覚《きゅうかく》も失われた。また、顎《あご》を思い通りに動かせなくなり、食べ物を咀嚼《そしゃく》することも難しくなった。

長期の入院生活を終え、マンションに帰ってきたが、生活はそれまでとは一変した。彩子は後遺症から家のことがまったくできなくなったのだ。貴志はそんな母親を支えようと、仕事の合間に彩子を病院のリハビリへ連れて行き、炊事洗濯も自分でするようになった。苦労の末に手に入れた幸せな暮らしだ。彩子の負担を少しでも減らし、事故前のような日常を取りもどしたかった。

事故から数カ月後、そんな二人のもとに一雄が連絡もなく現れた。別居後も彩子とは籍が入ったままになっていて、本籍や保険もそのままにしていたことから事故のことがつたわったのだ。

一雄は言った。

「事故が起きたのは相手のトラックのせいなんだろ。それなら、運転手から賠償金を取れるんじゃないか。それに保険だって下りるはずだから俺に任せろ」

金のにおいを嗅《か》ぎつけたのだ。

二人は辟易《へきえき》したが、一雄が書類を持っていたし、受取人も彼になっていた。仕方なく交渉を任せることにした。

さらに何カ月かが過ぎたある日、一雄は意気揚々と貴志のマンションにやってきた。

「共済なんかに掛け合って、合計で二千四百万円ほど手に入ることになったぞ！」

彼は満面の笑みで言った。

だが、彼はすぐにこうつづけた。

「これは俺がまとめた話だから、全額もらうぞ。いいな」

貴志は言った。

「ちょっと待ってよ。なんでお母さんの保険金をお父さんが持っていくんだよ。事故に遭ったのはお母さんだろ。おかしいじゃないか」

「うちには数百万円の借金があるんだ。その支払いをしなけりゃならねえんだよ」

「金をつかい込んだのはお父さんだろ」

「店は二人でやっていたものだ。それに、彩子にかけていた保険料は俺が払っていたものだ。とにかく、この金は俺がもらうからな！」

一雄は自分の主張だけ言って帰っていった。

これにはさすがの貴志も怒りを爆発させた。なぜ事故で重い障害を負った母親から身ぐるみ剝がすような真似《まね》をするのか。

貴志は親戚を呼び集めて一雄を説得することにした。実家は親戚から多額の借金をしていた。そのほとんどが彩子が頭を下げて頼んだものだ。一雄に保険金を好きにつかわせるくらいなら、親戚への返済に充《あ》てるべきだと考えたのだ。親戚たちも、借金を返してもらえるならと集まった。

この日、親戚との集まりの場に、一雄はなかなか姿を見せなかった。約束の時間が過ぎても、連絡さえない。ようやく現れたと思ったら、一雄は酒を飲んで顔を真っ赤にし、口からアルコール臭を漂わせていた。足元もおぼつかない。

話し合いがはじまったが、一雄は呂律《ろれつ》の回らない声でわめきたてたかと思うと、貴志の頭をこづいたり、親戚を馬鹿《ばか》にするようなことを言ったりした。会話にさえならない。

貴志はあきれ返って言った。

「お父さん、しっかりしてくれよ。お金は借金の返済に充てるということでいいね」

一雄はそれを聞くと、激高して叫んだ。

「ふざけんな！　金は俺のもんだって言ったろ！」

飛び掛かろうとしたので、その場にいた親戚が束になって押さえつける。一雄は敵《かな》わないと思うと、今度は家にあった包丁を手に取ってシャツをめくりあげて言った。

「おめえらがそのつもりなら、俺は腹をかっさばいて死んでやる！」

包丁を腹に突き立てて自殺しようとしたのだ。騒ぎを起こせば、みんなが自分の主張を認めてくれると思ったのだろう。

貴志は振り返る。

「あの日の父の暴れる姿を見て、もう話をするのは無駄だと思いました。たぶん、何度話し合いの場を設けても同じことがくり返されるだけでしょう。それで父には『保険金の一部を渡すから、母と離婚して僕らとは二度とかかわらないでくれ』って言ったんです。金を払ってでもつながりを絶ち切りたかった。父も金が手に入るならと納得してくれました。こうして僕は父と縁を切り、残った保険金で実家の借金を返済したんです」

この後、一雄は所持金が底をついて山谷《さんや》のドヤ街に流れ着いたらしい。数年間、そこで生活保護を受けて暮らしてから、一人寂しく亡《な》くなったという。

貴志は一雄の呪縛《じゅばく》から解かれたことで、彩子をこれまで以上に大切にしようと心に誓った。二〇〇二年のタクシー参入規制緩和によって業界の先行きが不透明になってはいたが、成績を出せばそれに見合った収入が得られるのがこの仕事だ。彼は来る日も来る日も客を探して車を走らせ、休日には彩子を外に連れ出して居酒屋で杏《あんず》酒を飲んだり、スナックでお気に入りの歌をうたったりした。母親が綾小路《あやのこうじ》きみまろを気に入っていると聞けば、ライブのチケットを購入して電車で一時間もかかるホールまで見に行った。

彼がここまで母親につくしたのは、女性との結婚をあきらめていたことも大きかっただろう。彼は社会人になってからも、幼い頃と同様に人付き合いが苦手で、特に女性とは目を見て話すこともできなかった。だからこそ、代わりに母と子二人きりの仲むつまじい暮らしを築こうとしたのだ。

そんな貴志にとって数少ない男友達が石原正《いしはらただし》と宮城亮《みやぎりょう》だった。どちらもタクシーの仕事で知り合った仲間であり、共通するのは彩子のことを自分と同じくらい大切にしてくれるところだった。石原は頻繁に家に飲みにきて彩子と話をしてくれたし、宮城は敬老の日に彩子を水族館に連れて行くのに付き添ってくれた。貴志にとって友達とは、あくまで彩子に温かく接してくれる人だったのだ。

　二〇〇八年、日本の経済を大きく揺るがす出来事が起こる。前年のアメリカの住宅バブル崩壊に端を発したリーマンショックによる不景気が、大きな波となって日本にも襲い掛かってきたのである。

　日本の多くの産業が地盤沈下を起こし、年が明けても企業の株価の下落に歯止めがかからなかった。大企業は生き残りのために事業の縮小やリストラを断行。それは中小企業に多大な負担を及ぼすことになり、倒産や失業が相次いだ。

　これは日本のタクシー業界にも大打撃を与えた。タクシー参入規制緩和によって業界が飽和状態になっていたところに、この不景気が重なってタクシー一台あたりの利用者数が大幅に減ったのだ。

　この年、貴志はちょうど人生の転機を迎えていた。無事故無違反で真面目《まじめ》にコツコツと働いてきたことで、個人タクシーの資格を取得し、車を購入して独立していたのである。リーマンショックで景気が厳しいことは理解していたが、会社に勤めていても条件は同じだ。それならば、初期投資は余分にかかるが、個人タクシーをはじめた方が収入が増えるはずだと判断したのである。

貴志は新しく購入した車のナンバーに母親の誕生日をつけ、第二の人生をスタートさせた。だが、その見通しはあまりに甘かった。底を打ったかに見えた景気はなかなか回復しないばかりか、失業者がタクシー業界に流れてきたことで、これまで以上に売り上げを出すのが困難になった。夜の繁華街は停車できないほどタクシーで埋め尽くされ、何時間もかけてようやく客を拾ってもワンメーターということが珍しくない。売り上げの減少が、そのまま家計の厳しさにつながる。

彼は当時の心境をこう述べる。

「個人タクシーをはじめるには、車の購入をはじめいろいろとお金が必要になるので、新たにローンを組みました。マンションのローンもあったので、月々の返済は三十五万円ほどでした。一般的に個人タクシーをやれば、月収が六十万円くらいになると言われていたので、やっていける計算だったんです。

ところが、いざ個人タクシーをスタートすると、業界を取り巻く状況は予想以上に悪くなっていました。会社で働いていた時より稼げるはずだったのに、実際はそれより悪くなった。後戻りできないので不景気が収まるまでがんばろうとしましたが、その後も状況は悪くなっていって、月収は十五万円くらいに落ち込みました。ローンさえ払えなくなってしまったんです」

彩子の年金が多少あったとはいえ、毎月の赤字を補塡《ほてん》するために消費者金融からさらに借金を重ねなければならなかった。だが、景気は底から回復しないままで、タクシー業界の構造も大きくは改善されず、ローンの額だけが雪だるま式に増えていった。

この頃、貴志の仕事への熱意をそぐ出来事が起こる。プライベートで親しくしていた石原が難病にかかり、見舞いに行って別れをつげる間もなく、帰らぬ人となってしまったのだ。彼はわずか二人しかいない友達のうちの一人を亡くしたことで、心に大きな穴が開き、抜け殻のようになった。

そんな中で、さらに追い打ちをかける出来事が起きた。二〇一一年三月十一日、三陸沖を震源地としたマグニチュード九・〇の東日本大震災が日本列島を襲ったのだ。福島第一原発事故による電力不足が起き、東京でも企業や商店の多くが休業を余儀なくされ、燃料費も高騰《こうとう》した。

貴志にしてみれば、これまで借金に借金を重ねて崖《がけ》っぷちの状態でがんばってきたのに、何もかも根こそぎひっくり返されたような気持ちだった。町から人影が消え、経済活動が停滞している中では、いくら努力を重ねても限界がある。

貴志は将来の見通しが立たなくなったことで極度の不眠症に陥った。借金を返せない自分を待ち受ける未来を想像すると嘔吐《おうと》感《かん》がこみ上げ、全身から汗が噴き出してくる。夜ごとに大量の酒を飲んで、その不安を頭の片隅に押しやらなければ眠ることができなかった。飲酒量は日に日に増えていき、格安焼酎《しょうちゅう》の四リットルボトルが部屋中に転がった。

同じ部屋では、彩子が息子の酒に溺《おぼ》れるみじめな姿を悲しそうに見つめていた。不自由な体では代わりにパートに出ることもできないし、上辺の言葉で慰めたところで生活が楽になるわけではない。できるのは黙って愚痴を聞くことだけだ。

そんなある日、貴志の体に異変が生じた。シャワーを浴びて仕事に出掛けようとしたところ、足が固まったように動かなくなったのだ。力を入れても、足が重くて前に進まない。知らず知らずのうちに、うつ病の症状が出ていたのである。

だが、貴志は体に鞭《むち》を打ってでも働きに行かざるをえなかった。個人事業主である以上、一日働かなければその分収入が減るだけだ。彼は語る。

「うつとかそういうことは考えませんでした。とにかく働いて少しでもお金を返さなきゃということしか頭になかったです。だって、これ以上借金が増えれば、車を取り上げられてしまいますよね。そしたら働けなくなって、マンションからも出て行かなければならなくなって、母と二人でホームレスをするしかありません。だから、体が動かなくなっても、無理やり這《は》うようにして車に乗って働いていたんです」

追いつめられていた彼の頭の中には、社会保障に頼るという選択肢は思い浮かばなかったようだ。

そんな貴志に、決定打とも呼べる出来事が起きた。もう一人の友人である宮城が病気で急死したのである。これで貴志がプライベートで相談をしたり、話し相手になってくれたりする相手は一人もいなくなった。もはや誰かに泣きつくことさえできない。

貴志が次第に死について考えるようになったのはこの頃からだった。

――死んだら楽になれるんじゃないだろうか。

ふとした拍子に、そんな思いが脳裏をかすめる。ハッと我に返って妄想を振り払っても、またいつしか同じことを考えている自分がいる。そんなことが少しずつ増えていったのである。

この時期の貴志の記憶はぼやけていて、週にどれくらい働いて、休みの日に何をしていたかほとんど定かではない。気持ちが重く沈んでいた上に、倦怠感《けんたいかん》、不眠、食欲減退などで頭が回っていなかったのだろう。彼は病院に行くという発想もなく、一日の仕事が終わると、次の日も働くために何とか眠らなければという思いから、浴びるように大量の酒を飲んで泥酔《でいすい》するということをくり返していた。

こうした生活の中で、彼の心に芽生えた自殺願望は日に日に育っていった。精神医学の研究では、自殺者の九割以上にうつ病をはじめとした精神疾患の兆候があったとされている。彼の場合も心の病がその気持ちを大きくさせていたのだろう。だが、彼は酒に溺れてそれを自覚することができず、傍にいる彩子も気づくことがなかった。

二〇一五年五月二十六日の明け方、貴志はほとんど客をつかまえられないまま夜勤を終えてマンションに帰った。服を着替えて布団に入って眠ろうとしたが、一向に寝付けない。午前六時を過ぎ、明るくなった外からは小鳥のさえずりが聞こえだした。彼は寝るのをあきらめ、焼酎の四リットルボトルを取り出して、布団の上でコップについで飲みはじめた。

朦朧《もうろう》とした意識の中で頭にあったのは、カードの引き落とし期日が翌日に迫っていることだった。空になった口座に入金しなければならなかったが、今月も収入はわずかで必要な額にはまったく届いていない。また別の消費者金融から借り入れをして糊《こ》口《こう》をしのぐしかないのか……。そう考えると、もはや自力では何ともしがたいところまで来ていることに絶望するしかなかった。

貴志はどれだけ焼酎を飲んでも眠気が訪れなかったため、昼過ぎに彩子を連れて近所のコンビニへ行くことにした。そこのＡＴＭで明日支払うローンのお金を借り入れようとしたのである。店に到着すると、カードを入れていつもの手順で操作をする。彼は表示された画面を見て息を飲んだ。ディスプレイには次のように記されていたのだ。

〈ご利用できません〉

すでに限度額に達しており、これ以上の貸し出しが不可能になっていたのである。

貴志はＡＴＭの前で頭を抱えてパニックに陥った。後の証言によれば、動揺のあまり、ここから一時間ほどの記憶が途絶えているらしい。店内の防犯カメラには、彼が狼狽《ろうばい》してレジの店員に「お金が出せない」と必死に訴えたり、意味もなくトイレを出たり入ったりしている姿が映っている。現実を突きつけられ、我を失っていたのだ。

次に貴志が覚えているのは、コンビニからマンションに帰った後のことだ。彼は肩を落とし、家にあった焼酎の残りを浴びるように飲んでいた。絶望の底で飲めば飲むほど、生きていること自体に吐き気がしてくる。

貴志はコップを握りしめてつぶやいた。

「どうしよう……もう借りられなくなったら終わりだ」

彩子は口をつぐんだままだった。貴志は涙目になって言う。

「これで車のＥＴＣまでつかえなくなる。そしたらタクシーの仕事もできやしないよ。生活できなくなる」

借金によって先延ばしにしていた「破産」が面前まで迫っていた。

彩子がボソッと言った。

「田舎にお金を借りられるかどうか訊《き》いてみてあげようか」

「できるの？」

「いくら必要なんだい？」

「十三万円くらい……」

すでに親戚にも相当の借金をしており、これ以上貸してもらえるかどうかはわからなかった。

彩子が受話器を取り、親戚のところへかける。親戚は一通り話を聞くと、貴志に電話を代わるよう求めた。貴志に返済の意志があるのか確かめたかったのだろう。

だが、貴志は電話に応じようとしなかった。返済をしていないのにお金の無心をすることを非難されるのが怖かった。親戚はそんな貴志の態度に腹を立てた。

「貴志君が電話に出るつもりがないなら、お金は貸せないからね」

「でも……」

「電話に出ないのは返すつもりないからでしょ。それなら貸せるわけがないよ」

無情にも電話は切られた。もう彩子にできることはなかった。

貴志は黙ってコップを握りしめて焼酎をあおった。頭に浮かんでいたのは、「自殺」の二文字だった。すべてを失って母親と二人でホームレスになってみじめな思いをさせるくらいなら、消えて楽になりたい。

彼はコップを握りしめて言った。

「もう、死のっか」

七十四歳になっていた彼女が受給している年金は月に四万円。障害者手帳3級であっても、障害年金支給には該当しなかったため、国民年金しか支給されない。おそらく未納期間もあってこの額になっていたのだろう。

彩子は言った。

「コロッと死ねればいいけど、どうにかなったらどうするの？」

「大丈夫だよ。炭があるから楽に死ねる」

部屋の隅には数年前にキャンプ用に買った木炭があった。これで一酸化炭素を発生させれば、眠るように逝《い》けるはずだと考えたのだ。

彩子は何も言わなかった。彼女にしても障害のある体で一人で生きていく自信がなかったのかもしれない。貴志は、母親の様子を見て心中に同意を得たと判断した。

貴志はその後も数十分間黙って酒を飲みつづけた。酔うことで死への恐怖心を紛らわしていたのだろう。やがて覚悟を決めると、立ち上がり、木炭を両手で抱えて台所へ運んだ。窓や部屋のドアが閉まっているのを確かめてから、ガスコンロの上に皿に乗せた木炭を置いて、つまみをひねって点火した。

台所で立ちすくんでいると、彩子が言った。

「焦《こ》げ臭いよ！」

ハッと我に返ると、ひどい臭《にお》いが立ち込めている。よく見ると、コンロであぶっていた皿がプラスチック製で溶けだしていた。

慌《あわ》てて貴志は食器を台所のシンクに投げて水で消火する。ほとほと自分が情けなくなった。一体何をしているんだ、死ぬこともろくにできないのか……。

気を取り直して、今度はコンロの上にフライパンを置き、その上に木炭を置いた。しばらく火であぶっているうちに、木炭からうっすらと煙が出はじめた。貴志は、これで楽に死ねる、と思った。

貴志は彩子に言った。

「最後に一杯飲む？」

「そうね。いただこうかな……」

棚からグラスを出し、コーヒーリキュールと牛乳を混ぜてカルーアミルクをつくった。

二人は何も言わずに、並んで酒を飲んだ。コンロの上では木炭が静かに燃えている。ほとんど臭いはしない。

彩子はカルーアミルクを半分ほど飲んだ後、静かに立ち上がり、床に敷いてあった布団に横になった。口をつぐんだまま目蓋《まぶた》を閉じる。貴志は不意に寂しくなり、コップの焼酎を飲みほしてから、彩子の隣に横たわった。

同居をはじめてからも、何度か甘えて彩子と同じ布団で眠ろうとしたことがあったが、いつも「こんな狭いところ来るな」と拒まれていた。だが、この時だけは受け入れてくれた。彼女も死ぬ時くらいは息子と枕《まくら》を並べていたいと思っていたのかもしれない。

貴志はそんな母親のぬくもりを感じながら、肩と肩をくっつけて目を閉じた。相当酒を飲んでいたこともあって、意識がゆっくりと遠のいていく。これでやっと借金の苦しみから逃れることができる。彼は不思議な安堵《あんど》感《かん》につつまれながら、眠りの底に引き込まれていった。

三、四時間が経《た》っただろうか、夕暮れの薄闇《うすやみ》の中で、貴志は猛烈な頭の痛みを感じて目を覚ました。

目を開けたが、視界がぼやけて何が起きているのかわからない。全身が痺《しび》れ立ち上がることができず、激しい吐き気がこみ上げてくる。床にはいつくばったまま、何度もえずく。

貴志は何が起きたのかを考える余裕さえなく、床をのたうち回り、うめき声を上げた。手足どころか爪《つめ》の先まで鉛になったように重く、立ち上がろうとしても倒れてしまうのだ。よだれなのか、胃液なのか、口の中から粘液質の液体が垂れてくる。一体なんでこんなことになったのか。

視界の隅に布団に横たわる彩子の姿があった。目を閉じてじっとしている。必死に口を開けて声を掛けてみたが、反応しない。頭の片隅で、記憶がよみがえった。

――そうだ。俺は自殺しようとしたんだ。

台所に目を向けると、コンロの上の木炭は燃えつきていた。

貴志は四つん這いになって布団へ近づく。彩子の顔を覗《のぞ》き込んだところ、顔からは血の気が失われて呼吸をしていなかった。腕や顔が冷たくなりはじめている。母親だけが死んだのだ。頭の中が真っ白になり、もう一度自殺をやり直したい気になったが、体がまったく言うことを聞かない。貴志は床に這いつくばったまま、悔しさと情けなさで嗚咽《おえつ》した。

午前三時過ぎになってようやく、貴志は体の痺れが和らぐのを感じ、立ち上がれるようになった。まだ頭がガンガン痛み、荒波のように吐き気が押し寄せる。それでも彼はおぼつかない足取りでゆっくりとマンションを出て歩きだした。こんな事態を起こしてしまった以上、警察へ自首しなければという思いがあった。

マンションから地元の警察署まではわずか百五十メートルほどの距離だったが、休み休み歩かなければならず、まるで酸素の薄い高い山を登っているかのようだった。近くの国道の先に見える警察署の明かりが遠い。

やっとのことで警察署に到着すると、貴志は自動ドアを抜け、正面にあるカウンターに身を投げだした。当直の警察官が顔を上げて、「どうしましたか」と怪訝《けげん》そうに尋ねる。貴志はのどの痛みをこらえ、かすれる声で言った。

「母を、殺しました……」

警察官が訊き直す。貴志はつづけた。

「せ、生活が苦しくて一緒に死のうと思ったんです。けど、自分だけ死にきれずにここに来ました」
当直の警察官が奥にいる上司のもとへ駆け寄り事情をつたえると、署内が騒然となって他の警察官が集まってきた。警察官が状況を把握するために、あれこれと質問を投げ掛けてきたが、もはや貴志は立っているのがやっとで、質問にきちんと耳を傾けることすらできなかった。

半年後、東京地裁で行われた公判で出された貴志の罪状には、「嘱託《しょくたく》殺人」とあった。相手から依頼を受けて行った殺人ということだ。

法廷で、貴志はこの罪状に何度も当惑をあらわにした。自分は母親と一緒に自殺しようとしたわけであって、「殺人」なんて犯していない、と。心中において今回のような主導的な立場にあれば、嘱託殺人として裁かれるのだと諭されても、冷静にそれを理解することができないようだった。

争点は、彩子に自殺の意志があったかどうかという点だった。裁判官は、貴志の証言からそれを認め、次のような判決を下した。

――懲役三年、執行猶予《ゆうよ》五年。

公判が終わってしばらくして、取材した私の元に貴志から手紙が届いた。彼は事件現場となったマンションにもどって暮らしているということだった。母親と過ごした思い出の残る家だが、ローンの返済が難しいため出て行くことになるそうだ。

4　あいつがナイフで殺しにやってくる〈家族と精神疾患〉

二〇一五年、東京の郊外で起きたある事件の現場は、若い警察官の目にもひどく不自然なものに映った。

現場は、住宅街に位置する大きな一戸建ての家だった。近所からは「資産家」として知られており、自宅周辺には駐車場やアパートも所有していた。住んでいたのは、四十代の姉妹と、姉の小学生になる一人娘の三人だ。

五月上旬のある日の未明、この家にいた人物から掛かってきた一一〇番通報によれば、家人の一人が自殺したということだった。警察官が数台のパトカーに乗って駆けつけたところ、玄関からすぐの板の間に、四十五歳になる長女が毛布をかぶせられた状態で倒れていた。遺体の喉《のど》には深々と果物ナイフが突き刺さっており、床は血の海だった。

現場にいたのは、この家に暮らす四十三歳の次女と、その知人の四十四歳の男性、それに千葉県在住の三十七歳の三女だった。

三人は口をそろえて言った。

「長女が玄関で自殺をしました。ナイフで首を刺して死んだんです」

警察はその言葉をすぐに疑った。遺体を調べたところ、突き刺さっている果物ナイフとは別に、首元に黒い革製のベルトが巻かれた形跡があったのだ。皮膚には強く絞められた痕《あと》がはっきりと残っている。

本当に自殺だとすれば、自らベルトで首を絞めてからナイフで喉を一突きして死んだことになる。だが、そうした自殺の方法が不自然なのは、誰にでもすぐにわかる。

警察はひとまず遺体を警察署に運んで調べることにした。

後日、死体検案によって明らかになった長女の死因は、頸部《けいぶ》を圧迫されたことによる窒息死だった。最初に喉を刺され、その後ベルトで首を絞められたのだ。喉の傷は一つで深さは十一センチに達しており、皮下にナイフの刃先が折れて残っていた。頸動脈が切れて血が噴き出す重傷を負いながら、自分で自分の首を絞めて死ぬことなどできるわけがない。

警察は自殺の可能性は限りなく低いと考え、現場にいた三人に対して任意の事情聴取を行った。当初、三人は長女の死因は自殺であると言い張ったが、取り調べが進むにつれて証言に矛盾が生じだした。

取り調べから二カ月後、三人は殺人容疑で逮捕された。警察に対して、長女の死因が自殺ではなく、殺人であることを認めたからだ。マスコミは警察からの情報でそれを聞きつけ、資産家の三人姉妹による遺産相続トラブルではないかと報じた。一時、週刊誌やネットのニュースでも話題になった。

だが、約半年後に行われた公判で明らかになった事実は報道とは異なっていた。そこにあったのは、家族の悲しい物語だったのだ。

事件が起きた都内の町は、県境に近くベッドタウンとして知られていた。西本《にしもと》家（仮名。以下同）の邸宅は、駅から徒歩五分ほどの住宅地にあった。瓦《かわら》屋根の二階家はひときわ大きく、門から家の間には緑の繁《しげ》る庭が広がっている。家の前に大きな駐車場を所有している他、近所のアパートも経営していた。あるメディアは、不動産収入は月に百二十万円ほどだったと試算した。

もともとこの家には、両親の下に三人姉妹が暮らしていた。長女の冬美《ふゆみ》、次女の絵《え》里子《りこ》、三女の雅代《まさよ》だ。冬美と絵里子は二歳違いで、絵里子と雅代は六歳の年の差があった。

近隣住人の話では、父親は資産家でありながら、電力会社に勤めていたそうだ。三姉妹は仲が良く、何の不自由もない学生生活を送り、成人してからも親戚《しんせき》と親しくしていた。特に母方の叔父の家族との関係が良く、誕生日には三人揃《そろ》ってお祝いに行ったという。

長女の冬美は、姉妹の中でもっとも責任感が強いタイプだったようだ。看護学校を卒業後、病院に看護師として勤務し、数年後に姉妹で一番早く結婚して家を出た。

次女の絵里子は、長女とは違って自由奔放な性格だった。派遣社員として働きながら、有給休暇をつかって趣味の旅行によく出かけていた。三十代前半で結婚してからは、夫とともに北海道に移り住んだ。

三女の雅代は姉二人とは年が離れていたことから、甘やかされて育ったらしい。マイペースで淡々と物事をこなしていくタイプ。姉二人が結婚した後も、しばらく実家に住んでいた。

順風満帆に見えた家族に暗雲が垂れ込めるのは、絵里子が北海道に引っ越した翌年の二〇〇三年だった。この年、冬美が三十代半ばで第一子の夏花《なつか》を出産した。元気でかわいらしい子だった。

冬美は元看護師ということもあって、その経験も生かせるからと子育てに張り切っていたものの、真面目《まじめ》な性格が災いしたのか、育児のストレスから次第に心を病むようになった。間もなく彼女は育児どころか、家族との生活さえままならなくなる。些《さ》細《さい》なことでパニックになって泣き叫んだり、部屋に閉じこもったりするようになったのだ。夫との関係にも亀《き》裂《れつ》が入った。

自分がおかしくなっていることを自覚した彼女は、メンタルクリニックへ行った。医師からは次のように言われた。

「うつ病ですね。薬を処方します」

冬美は医師の指示に従って抗うつ剤などの服用をはじめたが、病状は日に日に悪化する一方だった。夏花の泣き声を聞くだけで気が動転し、夫と顔を合わせれば衝突する。家庭は崩壊したも同然だった。

ある日、冬美は夏花を抱いて夫のもとを離れ、実家にもどることにした。夫の方も冬美と夫婦生活をこれ以上つづけられないと考え、娘を連れて行くことを認めた。

この時、実家に暮らしていたのは、父親の新平《しんぺい》と母親の利子《としこ》だった。三女の雅代は少し前に結婚して家を出ていた。新平と利子は長女と孫娘との同居を受け入れたものの、心を病んだ冬美との暮らしは困難の連続だった。

冬美は感情を抑えることができず、一日に何度も両親を大声で口汚く罵《ののし》った。二人が一言でも返せば、その何倍も罵倒《ばとう》され、物を投げてきたり、家具を壊したりする。ハサミを手にして襲い掛かってくることさえあった。病気が相当悪化していたのだろう。

初老の夫婦には、こうしたことが精神的に耐えられなかった。冬美ひとりなら家から追い出すなり、自分たちが逃げるなり、打つ手はあっただろう。問題は、冬美が夏花に虐待《ぎゃくたい》同然の扱いをしていたことだ。育児をしない、怒鳴り散らす、手を上げるといったことを日常的にくり返していたため、夏花を思うと切り捨てることができなかったのだ。

新平と利子はこのままでは夏花の成長に悪影響が及ぶと考え、子供を大事にするように再三注意したが、冬美は決まって逆上した。

「私の気持ちもわからないで、何言ってんだよ！　おまえらがうつ病になればいいんだ！　私と同じぐらい苦しんで死んじまえ！」

病状が不安定な時、冬美は他人だけでなく、自分自身にも危害を加えることがあった。ふさぎ込んだと思ったら何日間も部屋に閉じこもって「死にたい。誰か殺して」とわめき、しまいには薬の大量摂取やリストカットをするのだ。

新平と利子は、冬美が一人で死ぬならまだしも、夏花まで巻き添えにするのではないかと気が気でない。そんな二人がすがりついたのが、北海道に嫁いでいた次女の絵里子だった。

この頃、北海道で絵里子は相変わらず自由で気ままな生活を堪能《たんのう》していた。旅行が好きだった彼女にとって、車で少し行けば大自然が広がる北国での暮らしは楽しくてならなかっただろう。子供もいなかったことから、週末は夫と食事に行ったり、観光名所へ出かけたりしていた。

東京の両親から冬美に関する相談がメールや電話で来るようになったのは、引っ越して一年くらい経《た》ってからだ。

〈冬美が暴れて家のものを壊している。〉

〈死にたいと言い出して首を吊《つ》った。〉

〈今日も包丁を持って飛び掛かってきた。〉

そんな胸がしめつけられる内容ばかりだった。

絵里子は実家から連絡がある度に愚痴を聞き、アドバイスをしたが、電話やメールでできることは限られていた。そこで両親のストレスが限界に達していると感じた時には、夫に相談の上東京にもどり、何日か実家に泊まり込んだ。少しでもガス抜きになればという気持ちだったが、両親にすれば他に助けを求めることのできる人はおらず、ますます絵里子に依存するようになっていった。

当時の冬美について、絵里子は次のように語る。

「姉は家に引きこもっていて、子育ても家事も一切できない状態でした。いつも『娘を産まなければよかった』『こうなったのは親のせいだ』と言って暴れていました。何度か精神病院に入院させたことがありましたが、まったく良くならず、母は姉のことを恐れていました。いつ倒れてもおかしくないくらいに疲れ果てていたので、私は何度も実家に帰って手伝いをしました。姉は、そんな私のことがおもしろくないらしく、家にいるだけで『おまえが来ると家の中が汚れる』と言われ、食事をつくれば『まずくて食べられない』と吐き出される。両親は毎日これだったので本当に大変だったと思います」

実家に滞在している間、絵里子は片時も夏花の傍を離れなかった。友達から会おうと言われても断り、買い物へ行く時も、銀行へ行く時も一緒で、眠る時でさえ同じ布《ふ》団《とん》に入って抱きしめた。

夏花はそんな絵里子を母親以上に慕い、毎回北海道に帰る日には泣きじゃくって、「もっといて！」「次はいつ来てくれるの？」と言ってきた。絵里子はそれを聞く度に身を裂かれるような気持ちになり、「すぐにまた来るからね」と抱きしめた。いつしか彼女の中で夏花は自分の娘のような存在になっていた。

そんな絵里子が家族以外で唯一《ゆいいつ》、冬美のことを相談していたのが三沢剛《みさわたけし》だった。二人の出会いは、数年前にさかのぼる。絵里子が結婚前に派遣社員として勤めていた会社の上司が剛だった。

剛は家庭を持っていたが、同じ職場で働く絵里子に好意を寄せていた。何度か食事に行ったことはあったものの、想《おも》いは一方的なものに終わり、絵里子は別の男性と結婚して北海道へ行った。

そんな二人が再会したのは、二〇〇五年の秋だ。剛は絵里子のことが忘れられず、連絡をとって北海道に旅行へ行ったのだ。二人は札幌駅で待ち合わせをし、夜はビール園へ行って食事を共にした。

この時は男女の関係にはならなかったが、剛は翌年の一月、二月と立て続けに北海道へ行き、想いを伝えた。絵里子はそんな剛にほだされて一夜を共にし、やがて実家のことを話すようになる。剛は親身になってそれを聞いた。

絵里子は言う。

「私としては家庭のある北海道でずっと暮らすつもりでいました。でも、実家の問題を剛さんに相談しているうちに、東京に帰るのも一案ではないかと考えるようになりました。両親だけでは今の状況は変わらないですし、夏花には親代わりの存在が必要です。それができるのは私しかいなかった。ただ、夫と離婚までして実家に帰る必要があるのかには答えが出なかった。それで先延ばしになっていたんです」

そんな絵里子の気持ちを固めさせる出来事が起きた。両親が現状を何とか変えようと、冬美を大学病院へ連れて行き、半ば強制的に入院の手続を取った。このままでは家族全員が共倒れすると考えたのだ。

入院生活は失敗に終わった。冬美は治療を拒否して騒ぎ回り、看護師や他の患者に散々迷惑を掛け、二週間で病院から帰ってきてしまったのだ。冬美は自分を入院させた両親に怒りをぶちまけた。

「勝手に入院させやがって！　許さないからな！」

これを機に、冬美の両親に対する態度はこれまで以上に激しさを増した。家では怒鳴り声や暴力が絶えず、夏花の泣き叫ぶ声が響いた。

絵里子はこれを知り、もはや自分が立ち上がるしか家族を救う術《すべ》はないと決心を固めた。

——東京にもどって夏花の母親として生きよう。

それが彼女の決断だった。

二〇〇六年の春、絵里子は夫と別れて東京の実家にもどった。すべては夏花を守り、自らの手で育てるためだった。絵里子の覚悟は強く、男性の影を見せないためにも、しばらく剛と会うことを止《や》めた。

実家では絵里子と両親が一つにまとまって支え合う体制が整った。家事を全員で手分けして行い、夏花の遊びや勉強の相手をし、情緒不安定な冬美を協力して取り押さえた。お互いに愚痴を聞き合うことでストレスもだいぶ減らせた。

絵里子は自分の時間のほとんどすべてを夏花に費やしていた。食事の際はかならず全員で食卓を囲み、土日はアミューズメント施設や公園をはじめ様々なところへ連れて行き、夜は寝静まるまで絵本の読み聞かせをする。実の母親ではないからこそ、より大きな愛情を注ごうとした。これだけのことができたのは、不動産収入があり、家のことに百パーセント集中できたからだろう。

それでも三人にとって冬美はいつ爆発するかわからない存在であり、戦々恐々とする毎日だった。絵里子は語る。

「家の中で、私や両親はひと時も休まる暇がありませんでした。たとえば、ある夜、私と夏花が眠っていたら、いきなり姉がロープを手にして怒鳴り込んできたんです。彼女は私たちの前で首にロープを巻いて、『これで私の首を絞めろ！　こんなつらい人生は嫌だ。殺してくれ！』と叫びました。私たちが躊躇《ためら》えば、今度はそのことに怒って突っ掛かってくる。昼でも夜でも突発的にそんなことが起こるので、私は夏花を一人にすることはできず、常に警戒していなければなりませんでした」

絵里子は親子三人で団結して冬美を抑えられている間に、専門の病院で治療を受けさせたかった。そこで両親と話し合い、今度は全国的に有名な大学病院へ冬美を連れて行き、入院させることにした。

結果は、またしても裏目に出た。冬美は再び病院内で騒ぎを起こし、わずか十日で家に帰ってきたのだ。冬美は家族が自分をだましたと考え、怒りをぶちまけた。

「おまえら、二度も私を勝手に入院させやがって！」

「そんなつもりじゃないよ。良くなってもらおうと思って」

「嘘《うそ》つくな！　みんな殺してやる！」

退院してからしばらく、冬美は家の中で三人でも手に負えないほど荒れた。病気の苦しさをわかってもらえないことへの悔しさもあっただろう。これによって、絵里子たちは当面は治療を先延ばしにし、三本の矢のように力を合わせて自分たちだけで対処していくことにした。

ところが、そんな生活を揺るがす出来事が起こる。二〇一一年の初頭、父親の新平が脳溢血《のういっけつ》で突如倒れたのだ。新平は病院へ運び込まれて治療を受けたものの、約半年後に帰らぬ人となった。

家族の中でも利子のショックは大きく、葬儀の後は気落ちして寝込んでしまった。絵里子は亡《な》き父親の分までがんばって生活を支えていこうとしたが、心身にかかる負担は想像以上だった。男手が失われたことで家の力仕事はすべてやらなければならなくなった上に、冬美が不安定になれば一人で取り押さえなければならない。アパートの掃除や住民同士のトラブルなど、不動産の管理に関する仕事も山のようにあった。

絵里子は、それまで距離を置いていた三沢剛に連絡を取り、再び家庭内の悩みを相談するようになった。男手が必要だったし、心の重荷を誰かと共有したかった。剛はしばらく前に離婚して独り身になっていたことから、喜んで家電の修理や荷物の運び込みといったことを手伝ってくれた。二人の距離は急速に縮まっていき、絵里子は彼の存在を母親や妹の雅代にも打ち明けるようになった。

そんな矢先、またもや家庭に災いが降りかかる。なんとか夫を失った悲嘆から立ち直ろうとしていた利子に、がんが見つかったのである。進行した甲状腺《こうじょうせん》がんだった。

利子はすぐさま治療を開始することになり、家と病院を行き来する日々がはじまった。それは絵里子の負担を余計に大きくした。

剛は当時の家庭の状況について語る。

「お母様のがんが見つかってから、絵里子さんは家の用事から病院への送り迎えまで一人で何もかもやらなければならず、気の毒なほどでした。電話で相談を受ける時は、そのつらさをよく聞かされました。

絵里子さんが大変だったのは、家事やお母様のことに加えて、冬美さんの対応も一人でしなければならなかったことです。病院から帰ってきたと思ったら、冬美さんの暴言や暴力にさらされる。冬美さんは自殺願望も強く、『自殺用の毒キノコを持ってこい』と命じてきたり、いつでも死ねるように果物ナイフを枕元《まくらもと》に忍ばせたりしていたそうです。下手をすれば、夏花ちゃんが巻き込まれることだって考えられるので、絵里子さんは気が休まる暇もなかったはずです」

三本の矢はわずか一年ほどの間で失われ、絵里子は何もかも一人で背負うようになったのだ。

そうこうしている間にも、利子のがんは進行して完治が見込めないほどになっていた。体力が衰え、できることが一つ、また一つと減っていくうちに、利子は取り残される絵里子の将来を憂《うれ》うようになった。自分がいなくなった後、絵里子が一人で冬美の相手をするのは不可能だ。そのことが心残りなようだった。

ある日、見舞いにやってきた三女の雅代に、利子は弱々しく言った。

「冬美は本当に怖い。恐ろしい……。ババ（利子）が死んだら、一人でこの家に残される絵里子が心配……」

雅代はどう答えていいかわからなかった。利子はつづけた。

「ババはこんな体だからどうなったっていい」

「どういうこと？」

「ほんとうにどうなったっていいんだ。いっそ、刑務所で死んだって構わないんだよ」

雅代の背筋に衝撃が走った。母が実の娘を殺害しようと言いだすところまで追いつめられていたなんて。

利子が甲状腺がんで死去したのは、夫の死から二年が経った二〇一三年の夏だった。葬儀の準備をしている間、絵里子は母親を失った悲しみより、これから家の中で起こることに慄《おのの》いていた。ついに、両親がいなくなり、自分が一人で冬美と向き合わなければならなくなったのだ。

葬儀が終わった直後、絵里子の心配が現実のものとなる。家には利子の骨壺《こつつぼ》と遺影が置かれ、菊の花束が供えてあった。夜になって絵里子と九歳になる夏花がその前ですわっていたところ、突然冬美が足音を立てて部屋に入ってきた。彼女は花瓶を掴《つか》んで中の水を遺影にぶちまけたと思ったら、花を引っこ抜いて投げつけた。遺影が水浸しになって倒れる。

恐怖のあまり、夏花が悲鳴を上げた。絵里子が慌《あわ》てて止めに入る。

「お姉ちゃん、何やってるの！　やめて！」

冬美は、絵里子の腕を振りほどいて殴りつけた。彼女は骨壺を手に取ると、中から手づかみで遺骨を取り出した。そしてあろうことか、それを泣きじゃくる夏花に投げたのである。

興奮した冬美は叫んだ。

「おい、夏花！　見ろよ！　骨だぞ！」

夏花は恐怖のあまりその場で失禁した。絵里子は夏花を抱きかかえて別室に逃げ込んだ。

その晩は遅くまで、家中に冬美の怒鳴り声が響いていた。骨壺を蹴《け》り、壁を殴る音が響く。絵里子は夏花を抱きしめながら、地獄の生活が幕を開けたのを感じずにいられなかった。

秋、絵里子の家では四十九日が終わり、普段通りの日々がはじまった。

大きな邸宅は、冬美、絵里子、夏花の三人が暮らすには広すぎたはずだ。だが、いつ冬美が心を乱すかもしれないと考えると、どれだけ部屋があっても心が安まらなかった。

この頃、冬美はしきりに「苦しい」「生きているのがつらい」と口にした。両親が立て続けに亡くなったことは、彼女の心をもかき乱していたのかもしれない。しばらくすると、テーブルの上に置かれた処方箋《しょほうせん》やメモ帳に「死にたい」「みんなを殺したい」と書くようになった。病気からくる希死《きし》念慮《ねんりょ》が膨らんだのだろう。

絵里子はこうしたメモを見る度に、恐怖に苛《さいな》まれた。

――もしかしたら私や夏花を本気で殺そうとしているのではないだろうか。

夜に寝ていても、ちょっとした音で冬美が襲い掛かってきたような気がして飛び起きる。目の届くところにナイフやハサミといった刃物があることさえ心配になり、家中を何度も見て回った。

何日もまともに眠ることができない日々の中で、絵里子はどんどん神経をすり減らしていった。正常な思考ができなくなり、ふとしたことで不安が抑えきれないくらいに膨らんで、涙が出てきたり、引きこもったりする。人と会うこともできなくなっていった。

絵里子は回想する。

「姉のことで自分の頭がおかしくなっているという思いはありました。急に胸がドキドキして苦しくなったり、暴力を思い出してパニックになったりしたので、たぶん心を病んでいるんだなって。それで大学病院の心療内科を受診したんです。先生からはこう言われました。

『うつ病です。これはお姉さんからの〝クライシス・コール〟をまともに受け取ってしまっているからでしょう』

クライシス・コールというのは、自分の苦しみを人に知らせるためにわざと暴力や自殺未遂を起こすことです。姉のクライシス・コールを、私が正面から受け取って心を病んでしまっているということでした。

先生は私に精神を安定させる薬を処方して、姉の言動を聞き流すようにするべきだと助言しました。でも、そうしたことは解決策にはなりませんでした。そんなこと言われても、私や夏花を守れるわけありませんから」

絵里子は病院を当てにするのをやめ、民間の支援団体を頼ることにした。そこはうつ病患者のいる家族を支援する事業を行っていた。絵里子は団体が主催するセミナーに参加し、代表者に家庭の事情を話して解決策を尋ねた。

代表者は答えた。

「あなたの状態は、『もらいうつ』ですね。これは、うつ病の人の世話をしているうちに、家族までがうつになることです。私もかつてうつ病の妻の世話をしているうちにそうなったのでわかります。大切なのは、お姉さんから物理的に距離を取ることです」

理屈はわかるが、不動産の管理で生活をしている以上、こちらも現実的ではなかった。

絵里子は病院と支援団体の両方に見放されたような気持ちになり、数少ない相談相手である剛と雅代に不平不満をぶつけるようになった。一日に何度もメールや電話で連絡を取って文句を言うこともあった。そうすることでしか苦しみを吐き出すことができなかったのだろう。

この当時のメールを見ると、彼女が精神的にパンク寸前まで追い詰められていることがわかる。

〈殴られた。あと100回殴んなきゃすまないみたい。もう死んでもらいたいのかな。〉

〈もしかしたら殺されるかもしれない。殴られた。私たちがバカにしているから許せないんだと思う。〉

剛は、毎日送られてくるメッセージに一々丁寧に返信をした。そこには彼女への恋心もあったはずだ。言葉を駆使して絵里子がやっていることをほめたたえ、何でも力になるとつたえた。

絵里子は親身になってくれる剛に対し、ますます冬美への怒りや愚痴を書いて送るようになった。彼女にしてみれば一種のストレス発散だったのだろうが、言葉はブレーキが効かなくなったように暴力性を帯びていく。

その象徴が、メールで多用していた「K」という隠語だ。これは「殺す」を意味する言葉だった。

〈(※冬美が) 睡眠薬飲んでフラフラになってる。今ならKできるって真剣に考えてる。〉

最初は言葉にならない感情を「K」という乱暴な言葉で表現していたつもりだったはずだ。だが、連日のようにその言葉を多用し、剛に同調してもらっているうちに、次第にそれを唯一の解決策だと思いつめていく。

以下は絵里子と剛のやり取りである。

剛　お姉さん（※冬美）は、俺のことどう思ってるのか知ってたら教えてもらえませんか。

絵里子　最近は、剛さんの話をしてません。（※私は）殺したらどうしようとばかり考えてます。

剛　殺す相手はお姉さんですか。

絵里子　もちろん。

剛　代わりにやってあげたいです。

後の公判で、このメッセージは殺意があったことを示すものではないかと指摘されたところ、剛は「（流れの中で書いたことで）本気ではなかった」と答えた。たしかに彼には積極的に冬美を殺す理由はなく、話の流れで同調していただけと推測できる。だが、絵里子の方は違った。冬美への憎しみや恐れが、うつ病も相まって本気の殺意へと変わりつつあった。

絵里子は妹の雅代にも、同じようなメッセージを送っている。

〈もう疲れた。私が死んだらいいのかな。何年も前からKのこと考えてる。それしかないのかな。うちがやる？　もうそれしかない。〉

雅代は、いつの間にか絵里子が殺意を抱くようになっているのを知って動揺した。彼女は母方の叔父のところに相談に行こうと提案した。幼少期から仲良く付き合っている彼であれば力になってくれるはずだった。

絵里子はその提案に激怒した。

「そんなことできるわけないじゃん！　大学病院に入院させた時だって、後でさんざん怒鳴り散らされて暴れられたんだよ。もし叔父さんに相談したのがバレたら、（冬美から）何されるかわかったもんじゃない！　相談するなんて絶対に無理！」

「じゃあ、警察に行ってみるのはどう？」

「もっとダメに決まってるじゃん！　雅代は全然うちのことわかってない。警察になんて行ったら、私や夏花が殺される。もう自分たちで殺《や》るしかないんだよ！」

十年近く冬美の暴力にさらされてきたことで、絵里子は恐怖のあまり助けを求めるという選択肢を失っていたのだ。

雅代は家のことを任せきりにしてきたこともあって、絵里子にそれ以上強く進言できなかった。そして剛と同じように、絵里子の怒りに耳を貸し、上辺だけの同調をするようになる。

絵里子　ゴミ箱からあいつ（※冬美）の遺書が出てきた。

雅代　なんて？

絵里子　自殺するって。これを取っておけば、私たちがあいつをKしても、後で（※警察に）自殺だって説明できる。

雅代　それはよかった。証拠になるね。

雅代にしてみれば、真意を測りかねて、とりあえず意見を合わせていただけだ。だが、絵里子の方は雅代が自分を支持してくれていると受け取った。それが彼女の殺意をより堅固にしていった。

こうして剛と雅代が気づかないうちに、絵里子は事件への道のりをひた走っていくのである。

二〇一五年五月のその日は、晴天の土曜日だった。この日、実家には母の利子の葬儀以来二年ぶりに雅代が夫や子供たちを連れて遊びにやってきていた。一週間ほど前から、絵里子は冬美に「庭の木を切れ！」とやかましく言われていたので、雅代に頼んで夫の久志《ひさし》とともに庭仕事を手伝いに来てもらっていたのである。大人たちが作業をしている間、子供たちは庭で走り回って遊んでいた。

この日は春らしい暖かな日で、みんなで汗をかきながら三時間ほどかけて葉を刈りそろえた。作業が終わった後、絵里子はお礼を言って、せっかく東京に来たのだからと雅代一家を東京駅へ連れて行った。甥《おい》っ子たちが電車好きなのを知っていたので、新幹線を見せようとしたのだ。

東京駅で楽しく過ごしていると、家に残っていた冬美から一通のメールが届いた。

〈庭、ぜんぜんダメ。木が虫に食われたらどうするんだ。バーカ。〉

もっと相手にしてもらいたかったのか、本当に庭仕事が気に入らなかったのかはわからない。

だが絵里子はこのメールを見た途端、青ざめて動揺をあらわにし、「家にもどってやり直さなきゃ」と言い出した。雅代と久志は、冬美の気まぐれな発言としか捉《とら》えておらず、無視しておけばいい、と言ったが、絵里子は頑《かたく》なだった。

「ダメよ！　このままじゃ、私が家で何をされるかわかったもんじゃない！　殴られるんだよ！」

　これまでの暴力がフラッシュバックして震え上がっていたのだ。

　絵里子はどれだけ引き留められても、家に帰ると言って聞かなかった。雅代と久志は頭を抱えたが、自分たちだけ東京駅に残って遊ぶわけにもいかず、仕方なく実家に引き返すことにした。そして午後三時から日没まで再び庭仕事をしたのである。

　この晩、千葉の家に帰った雅代は、心身ともに疲れ切っていた。たった一日、冬美に振り回されるだけでこんなにも参ってしまうなんて。絵里子がおかしくなる理由もわかる気がした。

　午後八時、シャワーを浴びて嫌なことを忘れ、子供たちを寝かせる支度をしていたところ、電話が鳴った。絵里子からだった。出ると、電話口から絵里子の悲鳴が聞こえてきた。

「キャー、やめて！　痛い！　やめて！」

　雅代が「もしもし、どうした？」と訊《き》いても、叫び声がするだけだ。耳を澄ましてみると、離れたところで夏花の泣き声もしている。暴れる冬美から、二人が逃げ回っているようだ。

　少しして、絵里子の声が聞こえてきた。

「もしもし、雅代？」

「うん。一体どうした？」

「お願い、助けて！　お姉ちゃんが暴れて手がつけられないの！」

絵里子によれば、夏花と風呂《ふろ》に入っていたところ、いきなり冬美が血相を変えて乱入してきたという。彼女は冷たい水を二人に浴びせかけ、今日の庭仕事がいかに気に入らないかを機関銃のようにしゃべりはじめた。その後も興奮は冷めやらず、彼女は仏壇の前へ行き、フォークでお供えもののメロンをグサグサと刺した。絵里子が「やめて」と止めようとすると、彼女は鬼の形相で叫んだ。

「おまえたちがいなければ、私の人生は違ったんだ！　殺してやる！」

そしてフォークを振りかざして襲い掛かってきたので、絵里子は夏花とともに逃げ回りながら雅代に電話を掛けたという。

電話の向こうでは冬美の怒鳴り声がしている。トラブルの原因が今日の訪問にあるとしたら、無関係ではいられない。雅代は夫の久志に言った。

「ごめん。お姉ちゃんが家で暴れて手がつけられないみたい。助けてって言われてるから様子を見て来てくれないかな」

久志は渋々答えた。

「わかった。見てくるよ」

久志は車に乗り込んで再び実家へ向かった。雅代はそれを見送った後、絵里子の相談相手の剛にも連絡を入れることにした。冬美がフォークを振り回していると聞いて、男手がもう一人必要だと判断したのだ。

剛は連絡を受けて即答した。

「わかりました。すぐに行きます！」

こうして、二人の男が実家へと車で向かう。

先に家に到着したのは、剛だった。途中で絵里子にＬＩＮＥで家に向かっている旨《むね》をつたえたところ、「冬美を怒らせるといけないので外で待っていてほしい」と指示があったので、家の前にある駐車場に車を止めて待機した。数十分後、遅れて久志もやってきた。

二人が駐車場で待っている間、家にいる絵里子から次々とメッセージが届いた。

〈あいつ（※冬美）まだ怒鳴って暴れてる〉〈ハサミをふり回してる〉〈いま、２Ｆに行った。娘（※夏花）が怯《おび》えてる〉〈暴力受けた〉〈睡眠薬八錠飲んでフラフラになってる〉〈Ｋ、真剣に考えよう〉……。

家の中でただならぬことが起きているのは明らかだった。だが、外で待機するよう指示されている以上、軽率に踏み込むことはできない。二人はメッセージを送ったり、千葉の家にいる雅代に報告したりしながら三時間ほどそこで過ごした。

事態が急変したのは、午前零時過ぎだった。いきなり絵里子から次のようなメッセージが届いたのだ。

〈(※冬美に)バレた！　早く帰れ！〉

家の中から車が止まっているのを見られたのだろう。二人は冬美が家から飛び出してくる前に車を発進させ、自宅へもどった。この日の騒ぎは、一旦《いったん》終わった。

夜が明けて日曜日も、休日にはもってこいの快晴だった。

雅代は早めに起きて身支度を整えた。この日は朝一番に美容院へ行った後、夫や子供たちと出かける約束になっていた。昨晩の騒ぎのせいで寝不足だったが、子供たちが喜ぶ姿を想像すれば苦にならなかった。

雅代は家の用事を済ませると、予約していた美容院へ向かった。一時間ほどして店を出た時、携帯に複数のメールの受信があるのに気がついた。差出人が絵里子であるのを見た途端に陰鬱《いんうつ》な気持ちになる。メールには次のような文章が並んでいた。

〈またお姉ちゃんが騒ぎだした〉〈食器をすべて捨てろと言われた〉〈夜に久志さんが

来ていたのを怒っている〉……。

一夜明けて終わったと思っていたのに、実家ではまだもめ事がつづいていたのである。

雅代は絵里子に同情したが、今更家族と出かける約束を反故《ほご》にするわけにはいかなかったので、そのまま夫や子供たちと合流する。デパートへ行って子供たちがほしがっていたゲームを購入し、昼食をとるためにレストランへ向かった。

雅代の携帯電話に絵里子から電話が掛かってきたのは、そんな家族団欒《だんらん》の最中だった。絵里子は切羽詰まった声で言った。

「お姉ちゃんが昨日のことを怒ってまた暴れはじめてるの！」

「暴れてる？」

「昔、自殺するためと言って買ってきた果物ナイフを出してきてふり回している！私だけじゃ手におえない。お願い、助けて！」

雅代がその場にいた夫の久志に相談したところ、返ってきた答えは冷たかった。

「どうせ行ったところで、昨夜と同じように何時間も駐車場で待機させられるだけだろ。ちゃんと断れよ」

雅代は夫の意見に納得したものの、その後も携帯電話は鳴りっぱなしだった。受信メールが増えていくのを見るにつれ、雅代は胸がしめつけられた。実家のことを何もかも押し付けて、自分だけが家族と休日を楽しむわけにはいかない。

　雅代は夫に言った。

「ごめん。やっぱりお姉ちゃんのところにちょっとだけ行ってくる。許して」

夫はふてくされた。子供たちも「行かないで！」と口をそろえる。雅代は「すぐに帰って来るから」と言い残し、後ろ髪をひかれる思いで家族と別れ、高速バスで東京駅まで行き、そこから電車を乗り継いで実家へと向かった。

同じ頃、三沢剛も絵里子の元へ向かっている最中だった。彼もまた、絵里子から電話で助けを求められ、車を走らせていたのだ。

　家に到着すると、剛は駐車場に車を止めて待機した。この日も前夜と同じく、冬美に見つからないように、家の外で待つよう指示されていたのだ。その間、剛の携帯電話にはひっきりなしにメッセージが送られてきた。

　メッセージには、家の中で相変わらず冬美がナイフを持って暴れていることが書き連ねられていた。絵里子は混乱に陥り、くり返し〈Kするしかない〉などと書き込んできた。また、剛の元妻の兄が医師だったことから、〈一千万円で死亡診断書を偽造してもらえないか〉とも尋ねてきた。

剛は矢継ぎ早に送られてくるメッセージを見るにつれ、絵里子が本気で殺害を考えているのではないかと怖くなり、返信できずにいた。下手に質問をして、絵里子の殺意を聞いてしまえば、自分も無関係でいられなくなる。

その時、絵里子から次のメッセージが届いた。

絵里子　雅代が駅に到着したみたい。車で迎えに行って。

剛　わかった。そっちはどう？

絵里子　私も少ししたら家を抜け出して合流する。

剛は車で駅へ向かって雅代を拾い、近くの寿司屋《すしや》の駐車場に行った。ここに絵里子が来ることになっていたのである。

駐車場で待っていると、絵里子がやってきた。夕食を買いに行くと言って出てきたという。その顔は明らかに緊張でこわばり、目が血走っていた。昨日の夜からずっと冬美に振り回されて、理性が飛んでしまっているかのようだった。

絵里子は二人を前にすると、堰《せき》を切ったように冬美から受けた暴力の数々を早口で語った。これまで押しとどめてきた感情がとめどなく溢《あふ》れてくる。剛や雅代が落ち着かせようとしても、感情を高ぶらせるだけだった。

「もう耐えられない！ （冬美を）殺そう。もうそれしかない！」

人目のある屋外で具体的に「殺す」と言われ、剛も雅代も戸惑いを隠しきれなかった。絵里子は気に掛ける余裕もないらしくつづける。

「自殺に見せかけるの！ そうすれば大丈夫。今日殺るから！」

剛が雅代の顔色を窺《うかが》いつつ言った。

「そんなのダメだ。直接手に掛けるくらいなら、警察を呼ぼうよ」

「警察に言ったらとんでもないことになるって何度言ったらわかるのよ！ 私も夏花もあいつに殺されるのよ！ そんなことする前に、こっちから殺らなければダメ！」

今度は雅代が間に入る。

「ちょっと待って。警察に頼れないなら、叔父さんたちに相談しよ」

「同じことだよ！ あいつは、私たちが誰かに言ったらブチ切れるに決まってる。だから殺すしかないって言ってるでしょ！」

彼女は、もはや一刻の猶予《ゆうよ》も残されておらず、冬美を殺すことでしか身を守れないと思い込んでいるのだ。

絵里子は口角泡を飛ばして思いのたけをぶつけると、時計を見て我に返った。午後六時を回っている。あまり遅いと、冬美から誰かに会っていたと疑われるという。彼女は「私もどる」と言い残し、目の前の店で夕飯を買って帰っていった。

駐車場に残った剛と雅代は、暗澹《あんたん》とした気持ちでたたずんだ。絵里子が暴走寸前まで追い詰められているのは確かだ。だが、家の中の様子がはっきりとわからない以上、絵里子の判断に委《ゆだ》ねるべきか、警察に通報するべきか判断がつきかねた。通常の判断力があれば、親戚や警察に相談しただろうが、絵里子のあまりの剣幕に、二人も理性を失いかけていたのだろう。

そうこうしているうちに、家に帰った絵里子から再びメッセージが届いた。また家で冬美が叫び回っているので家の外まで来てほしいとのことだった。二人は車に乗り込んで急行した。

駐車場に車を止めると、家から怒鳴り声が響いていた。やがて絵里子が玄関から出て来て、剛たちのもとへ歩み寄ってくる。彼女の顔が引きつって般若《はんにゃ》のような形相になっている。彼女は唇をわなわなと震わせて言う。

「あいつ、私が隠してた果物ナイフを見つけた！　それで私たちのことをつついてくるの。今もナイフを首に突きつけられた」

さらにまくしたてるように言う。

「もうダメ。夏花なんて怖がって震え上がってる。もう殺すしかない！　絶対殺す！」

絵里子は、くしゃくしゃの紙切れを出してきた。そこには冬美の字で「自殺する」という文字が綴《つづ》られていた。少し前に自殺未遂を起こした際に書いた遺書だった。いざという時のために取っておいたのだ。

彼女は言った。

「私たちがあいつを殺したところで、これを警察に見せれば自殺だったって言い張れる。だから殺っちゃおう」

「そ、そんなことできないよ」

「遺書があるんだからできるでしょ。あいつが書いたものだよ！」

剛と雅代は戸惑うばかりだった。

絵里子はいったん駐車場から離れると、すぐにまたもどってきた。今度は手に軍手とホースが握りしめられている。

「これで殺るのはどう？」

ホースで首を絞めるつもりらしい。剛は答えた。

「ホースは中が空洞になってるからダメだ。こんなんじゃ絞まるわけない」

絵里子は逆上した。

「だったらどうすればいいのよ！」

「どうすればって……」

「なんでダメだっていうだけで、親身になって考えてくれないの！　今までの私やババ（亡き母親）の苦労は、おまえたちにはわからないんだ！」

そう言われると、二人は口をつぐむしかなかった。絵里子をここまで追い詰めた責任の一端は自分たちにもある。

絵里子は牙《きば》をむくように叫んだ。

「なんか言えよ！　ホースがダメなんでしょ。それなら、何だったらできるのよ！　おまえらが考えろ！」

雅代は絵里子が怖くなり、苦し紛れに言った。

「じゃあ、ネクタイは？」

絵里子は何かを思ったように黙った後、いきなり背を向けて家に引き返していった。

駐車場には重々しい空気が立ち込めていた。剛はいつの間にか自分の膝《ひざ》が震えているのに気がついた。本当に絵里子は冬美を殺そうとしているのか、いや、まさかそこまではするまい。相反《あいはん》する二つの思いが交錯していた。

雅代も同じことを感じていた。まさかとは思うが、絵里子が本当に冬美をネクタイで絞め殺したらどうしよう……。雅代は弱々しい声で言う。

「大変なことになるよ。どうしたらいいのかな」

剛も答える。

「わかんないよ」

「家には夏花もいるんだよ」

「だからわかんないよ。怖い。怖いよ……。もうここから逃げだしたい」

これから起こることを直視することがもはやできなかった。

家の中から女性の甲高い悲鳴が聞こえてきたのは、その直後だった。剛と雅代が顔を見合わせる。玄関のドアが開き、十一歳になる夏花がたった一人で飛び出してきた。二人は慌てて駆け寄り、「夏花！」と抱き止めた。

夏花が叫ぶ。

「お母さんが！　お母さんが！」

それ以上は言葉にならない。雅代が家にもどろうと言ったが、夏花は「行きたくない！」とすわり込んでしまう。

剛が促す。

「夏花ちゃんはここに置いて、僕らだけで行こう」

二人は夏花に車の席にすわっているよう言い、家へと走って行った。玄関に入った瞬間、二人は目の前の異常な光景に絶句した。冬美が血だらけになって仰向けに倒れており、その上に絵里子が馬乗りになっていたのだ。よく見ると、冬美の喉《のど》には果物ナイフが深々と突き刺さっている。

「ど、どうしたんだ」

「こいつが悪いの！」

「だから、どうしたんだ」

「食事中に、いきなりこいつが、自殺するって言いだしたの！　それでもみ合いになって……」

家にもどった後、絵里子は夏花とともにリビングで買ってきた弁当を食べはじめたという。そこに冬美が現れて果物ナイフを取り出すと、二人の喉元に刃先を当てて、「これが、おまえらの最後の晩餐《ばんさん》だ」「さっさと出ていけ」と言いだした。

――このままだと殺される。

絵里子はそう思うと、一瞬の隙《すき》をついて夏花の背を押して言った。

「夏花、お外に逃げて！」

夏花が携帯電話を握って部屋を飛び出そうとする。冬美はそれに気づいて、「なんで携帯を持っていくんだ！」とナイフを手に飛び掛かっていった。

絵里子は二人を追いかけ、玄関の手前で冬美をつかまえた。夏花は外へ逃げたが、そのまま二人はもみ合いになった。冬美が自棄《やけ》になったように「もう自殺する！」と叫んで、ナイフを自分の首に押し当てようとした。それを見た絵里子が「もういい加減にして！」と言ってナイフの取っ手を掴んで押したところ、刃先が喉に深々と刺さった。倒れた冬美の喉からは鮮血が噴き出すように流れる。剛と雅代が家に駆けこんできたのは、その直後のことだったらしい。

剛と雅代が見た時、冬美の首から流れる血が玄関の床に大きな血溜《ちだ》まりをつくっていた。まだかすかに息があるようだ。雅代が言った。

「ま、まだ生きてるよ」

絵里子はその声で我に返ると、「タオルを持ってきて！」と叫んだ。雅代が何が起きたのかわからないまま別の部屋にあったタオルを手渡すと、絵里子はそれを首に当てて止血をはじめた。数秒の間そうやっていたが、絵里子は助けてもどうにもならないと考え直したのか、タオルを投げだして、床に落ちていた革製のベルトを手にした。そしてそれを冬美の首に巻きつけて叫んだ。

「死にたいんでしょ！　もういいんでしょ！　楽になりたいんでしょ！」

これを聞いて、雅代は初めて絵里子が冬美を殺そうとしているのを察した。

絵里子はベルトで首を絞めようとしているが、焦《あせ》っていてうまくいかない。雅代はそれを見ているうちに、彼女一人にやらせるわけにはいかないと思った。そして片方のベルトの端を手に取り、力いっぱい引っ張った。二人が両側から引くため、ベルトが首をギリギリと締めつける。

この時の様子を雅代は次のように語る。

「私もわけがわからなくなっていました。ベルトを引っ張っている間は、『もう楽になってもいいよ』という気持ちでした。これまで彼女自身もすごく苦しんできたのを知っていましたから、死なせてあげたら楽になると思ったんです。たぶん一分とか二分とか、そうしていたはずです。目を開けたら、姉は失禁してぐったりとしていたので、怖くなってベルトから手を離しました」

雅代はその場に魂が抜けたようにすわり込んだ。剛が歩み寄って冬美の手首に触れた。

「脈が、ない……」

呼吸も止まっていた。

剛は絵里子と雅代を立ち上がらせ、隣の部屋へ連れて行った。これからのことを話し合わなければならなかった。

絵里子は視線を宙に泳がせながらつぶやいた。

「夏花は守りたい……これは見せたくない……」

母親の代わりとなって育てた夏花への、せめてもの思いやりだったのだろう。

剛は冬美の遺体をそのままにして、ひとまず全員を自分の車に乗せ、雅代の家へ向かうことにした。夏花には何も説明しなかったし、夏花の方からも家で起きたことを訊いてこなかった。車の中は暗く沈黙が張りつめていた。

千葉の家に到着すると、夫の久志が出てきた。雅代は言った。

「お姉ちゃんが自殺した……」

「自殺？」

「もう一度実家にもどるから、夏花を預かってくれないかな」

久志は突然のことに戸惑いながら尋ねた。

「それでどうするんだ」

「実家に帰ってから、警察に連絡する。帰りは遅くなると思う」

それ以上詳しいことは言わず、雅代、絵里子、剛の三人は午前零時過ぎに再び実家へと向かった。

実家に到着して玄関に入ると、床の血溜まりに、冷たくなった冬美の遺体が横たわっていた。血のにおいが生々しく充満している。やはり夢ではなかったのだ。雅代は毛布を持ってきて、遺体にかぶせた。

剛は絵里子と雅代に向かって言った。

「いいですか、これは自殺です」

夏花の人生を守るには自分たちが捕まるわけにはいかない。それには、当初絵里子が言っていたように自殺として隠し通すしか道はない。

全員でそれに合意すると、剛は携帯電話で一一〇番し、こう言った。

「もしもし警察ですか。知人の家の玄関で、四十五歳の女性が死んでいます。自殺のようです」

数分間、三人はじっと警察が到着するのを待った。この時、彼らの間でどのような会話がなされたのかはわからない。ただ、かつて冬美が書いた「自殺する」というメモが今後の自分たちの運命を握っていると考えていたのは確かだろう。

しかし、冒頭で述べたように、その後の警察の調べによって、三人の嘘《うそ》の証言はあっさりと崩されることになった。警察による死体検案によって、死因がベルトによる窒息死だと判明。三人は殺害の事実を認め、直接手を掛けた絵里子と雅代の二人が殺人罪で起訴されたのだ。

裁判で下された判決は次の通りだ。

――絵里子＝懲役五年（求刑・懲役六年）。

――雅代＝懲役三年（求刑・懲役四年）。

逮捕後、夏花は、叔父に引き取られることになった。

その夏花は裁判には現れなかったが、弁護士を通じて絵里子宛《あて》の手紙を書いた。そこには次のように記されていた。

「エリちゃん（絵里子）が一日でも早く帰ってきて欲しいです。そしたら、また一緒に暮したいです」

裁判でその手紙が読み上げられた時、絵里子は顔を伏せて号泣した。

5　元看護師の妻でさえ限界〈老老介護殺人〉

二〇一五年一月に千葉県で起きた老老介護殺人事件。

加害者は、七十七歳になる元看護師の妻。被害者は五歳下の夫だった。事件の後に行われた死体検案によれば、夫の全身には約三十カ所以上の刺し傷があり、凶器となった柳葉包丁は根元から曲がっていたという。心臓や肺を貫通する傷も残されていた。

逮捕から約一年後に千葉地裁で行われた公判には、老夫婦の長男が証人として証言台に立った。事件が起きたのは一戸建ての一階だったが、長男家族はその日まで同じ家の二階で同居していた。

証言台で長男は震える声で語った。

「私が母のことをもっと見ていれば、こんな事件は起きなかったと思います。同じ家に暮らしながら、母のうつ病が深刻なものだとは感じていなかった。私自身、反省すべきところがあまりに多いと思っています」

世界で類を見ないほど少子高齢化が進んでいる日本では、老老介護は大きな社会課題だ。老老介護とは、在宅で行われている介護者・被介護者が共に六十五歳以上の介護を指す言葉であり、厚生労働省の調べ（二〇一九年）では、在宅介護のうちの五十九・七％に達し、「超老老介護」と呼ばれる七十五歳以上同士も三十三・一％と非常に高い値になっている。中には認知症の夫婦間で行われる「認認介護」も増えている。

老老介護の負担を減らすため、介護の現場では地域包括支援センターが主体となって色々な提案がなされている。高齢者施設への入所、ヘルパーやデイサービスの利用、配偶者以外の家族（子供、親戚《しんせき》、孫）の支援などだ。配偶者一人だけに負担がかからないように、国も地方自治体もその充実を優先課題としている。

それでも老老介護のストレスは、虐待《ぎゃくたい》、心中、時に殺人といった事件を引き起こすことがある。福祉の理想と介護現場の間に小さくない溝があるからだろう。

医療に精通していたはずの元看護師の女性が起こした事件を見ることで、当事者が抱えている問題について考えてみたい。

千葉県のとあるゴルフ場に近い住宅街の一角に、内城《うちしろ》夫婦（仮名。以下同）の家はあった。二階建てで小さな庭があり、駐車場には軽自動車が停められている。駅から二キロほど離れているので、あたりは静かであまり人気《ひとけ》がない。

この家は、一九九二年に事件の加害者となる内城日出美《ひでみ》が、夫の勉《つとむ》とともに五十四歳の時に購入したものだった。一階には日出美と勉が暮らしており、二階には長男一家が暮らしていた。もとは一世帯用として建てられた家なので、同居してからは玄関等多くのスペースを二世帯で共有していた。

近隣住民の夫婦に対する評判はすこぶる良い。特に日出美は「しっかり者」と見られており、市民ボランティアをしていて近所付き合いも良かった。また、趣味で琴を演奏して周りから一目置かれるようなところもあった。

そんな日出美が生まれたのは、戦前の一九三七年だ。太平洋戦争中は、長野県に学童疎《そ》開《かい》。戦後の貧しい中で中学を卒業すると、医院に住み込みで働いて勉強し、そこで准《じゅん》看護師（当時は准看護婦）の資格を取得し、看護の道を歩むことになった。

二十三歳の時に、医院を辞めて東京の病院に転職。間もなく、結婚して長男の成己《なるみ》を出産したが、様々な行き違いから三年ほどで離婚することに。それからはシングルマザーとして病院で看護師の仕事をしながら成己を育てた。

同じ病院で、医療事務をしていたのが勉だった。看護師、医療事務員と立場は違ったものの、親しくしているうちに恋に落ち、日出美が三十二歳、勉が二十七歳の時に再婚を決める。

誰の目にも二人はお似合いの夫婦だった。日出美は明るく、仕事から趣味まで何でも熱意を持って取り組んだ。一方、勉は目の前の仕事を淡々とこなす几帳面《きちょうめん》なタイプで、周りが見えなくなる日出美を度々たしなめる役割だった。

長男の成己は公判で次のように述べた。

「息子である僕の目から見ても、両親は夫婦として仲が良かったと思います。家庭もそれなりにうまくいっていました。同じ職場だったので、仕事のことで意見がぶつかることはあったようですが、後に引きずることはなくその場の話し合いだけで終わっていたようです。職場が同じだったのでずっと一緒にいたという印象です」

二人を知る医療関係者も、こう同意した。

「日出美さんは看護師さんらしく社交性があって、何でも自分で決めて動けるタイプです。勉さんの方がどちらかといえば性格的には慎重でした。日出美さんは、年上だったし、前の夫との子を抱えていたこともあって、勉さんのことを大切にしていました。責任感のつよい年上女房という印象です」

勤務先の病院でも、二人の評価は高かった。日出美は看護師としての仕事ぶりを認められて師長に、勉も事務局長に昇進。そんな二人が手に入れたのが、千葉県のマイホームだったのである。

日出美が病院を退職したのは六十二歳の時だった。その後、勉が定年を迎えるのを待ってから二〇〇四年に都内へ移り住んだ。千葉県の家は長男家族に貸し、自分たちは東京で老後を過ごすつもりだった。

五年後の二〇〇九年、そんな二人に試練が訪れる。勉が脳出血で倒れたのだ。一命は取り留めたものの、左半身に麻痺《まひ》が残り、一人では立って歩くことさえできなくなった。

病院からは次のように言い渡された。

「勉さんの状態は、要介護3です。今後は介護を受けながら、リハビリをするようにしてください。何もしなければ、体は悪くなる一方です」

要介護3とは、「要介護2の状態（部分的な介護）と比較して、日常生活動作及び手段的日常生活動作（より高度な生活動作）の両方の観点からも著しく低下し、ほぼ全面的な介護が必要となる状態」だ。

退院し、東京の家にもどってみると、勉の体は日出美が想像していたより悪く、大半のことが一人ではできなかった。移動するには車イスを押してもらわなければならず、入浴も介護が不可欠だった。

日出美は、そんな夫に少しでも良くなってもらおうと献身的に支えた。病院でのリハビリの送り迎えはもちろん、麻痺した手足のマッサージから食生活の改善まで一から勉強して行った。

彼女の言葉である。

「倒れて間もない頃は大変でした。夫は左半身の麻痺で、思うようにトイレへ行ったり、水を飲みに行ったりすることができません。私は夫に呼ばれれば、何をしていてもすぐに手を止めて手伝いに行かなければなりませんでした。加えてリハビリもありました。自分でも調べて、治療にいいということを試しました。二十四時間付きっ切りでした」

趣味や地域活動はもちろん、友人との会食など些《さ》細《さい》な気晴らしの時間もすべてあきらめなければならなくなった。

日出美はそのことについて、「つらい」とか「嫌だ」と周りに口にしたことはなかった。むしろ、当たり前という姿勢で、夫の介護に励んだ。元看護師という立場やプライドがあったのかもしれない。

三年間、日出美は一人で夫の面倒を見たが、後遺症は重く、リハビリは思うように進まなかった。回復までにはまだ数年はかかるだろうし、時間が経《た》つにつれて体力や経済力も厳しくなる。日出美は勉と相談し、千葉県の家に帰ってリハビリを行うことを決めた。

二〇一二年、日出美は体の不自由な勉とともに千葉県の家にもどった。長男の成己が二階で、日出美夫婦が一階で暮らすことになった。

同居するにあたって、日出美は成己に「同居しても夫の介護は自分でやる」と話していた。彼女にしてみれば、成己に血縁関係のない勉の世話をさせるのが悪いという気持ちがあったのだろうが、心の底では手伝ってくれることを期待していたようだ。

だが、成己は母親の言葉を文字通りに受け取り、「手伝わなくていいと言われた」「自分には仕事がある」という理由で介護に一切かかわろうとしなかった。日出美が介護で苦労していることを知りつつ、我関せずの姿勢を貫いたのだ。

日出美にとっての数少ない相談相手が、ケアマネージャーの友田《ともだ》秋子《あきこ》だった。ケアマネージャーとは介護支援専門員のことで、要介護者のいる家庭にかかわり、介護サービス計画をつくって福祉制度や介護事業者を紹介する仕事だ。日出美は千葉県にもどってきてから、月に一度秋子と面会して相談に乗ってもらいながら、夫の介護をしていたのである。

秋子は証人として、公判で次のように日出美の様子を語った。

「千葉にもどってきたばかりの頃、勉さんの体はまだかなり大変でした。家でトイレへ行くにも毎回、日出美さんが車イスに乗せて連れて行ってあげなければなりません。彼女はベッドから車イスに移すことは一人でできましたが、入浴の介助は難しかったので、私が紹介したデイサービスを週に二、三回のペースで利用していました。

病院へ通っていたのは主にリハビリのためです。日出美さんは元看護師なだけあって、自分でいろいろと調べて、いいと思ったことを行っていました。たとえば、心理療法士に自宅でできるリハビリ方法を教えてもらって実践していました。傍から見ていてもすごくパワフルで、私みたいなケアマネージャーに任せるより、自分で率先して動いていました。自分の手で勉さんを良くするんだという意志があったのでしょう。勉さんの方も日出美さんを信じて、希望を持ってリハビリをしていました」

日出美の献身的な介護のおかげで、脳出血で倒れてから四年、勉の体は少しずつ良くなっていった。杖《つえ》をつかえば家の中であれば自力歩行ができるようになり、やがてちょっとした買い物くらいであれば外出が可能になった。

ある日、日出美は勉の要介護度が一段下がって2になったという通知を受け取った。病院では、次のように言われた。

「おめでとうございます。リハビリを継続すれば、もっと長い距離を歩けるようになるはずです。この調子で頑張ってください」

　これまでの要介護3は常時介護が必要だが、要介護2は部分的な介護で足りる状態だ。一段の引き下げとはいえ、大幅な改善だ。

日出美は、長い苦労が報われたと感じた。もう少しがんばれば、元気だった時の夫にもどれるかもしれない。

　周囲の人々によれば、この頃の日出美は表情が明るくなって言葉に希望が溢《あふ》れていたようだ。勉も努力が形になったことで自信を抱き、日出美とともにリハビリに励んだ。ケアマネージャーの秋子は、そんな二人を見て未来の幸せを信じて疑わなかった。

　しかし、二〇一三年六月、そんな二人に再び試練が訪れる。勉がリハビリを行っている最中に激しく転倒し、左大腿骨《だいたいこつ》を骨折したのだ。今度は、寝たきりの生活を余儀なくされた。ベッドで寝ている間に、四年のリハビリで鍛えた筋肉はみるみるうちに落ちて、足は見る影もないほど細くなった。

　これによって、せっかく2まで回復していた要介護度が、二段階上がって4になってしまった。これは、介護なしでは生活が営めないレベルで、勉は自分で車イスを動かして移動することもできなくなった。

日出美は努力が水泡に帰したことで目の前が真っ暗になったが、あきらめる気にはなれなかった。

——まだ大丈夫。もう一度気を取り直して、一からリハビリをやろう。

ここで踏ん張らなければ、勉の体は奈落へ落ちるように衰えていくだけだ。

しかし、悪いことは重なるもので、夫婦で手を取り合ってリハビリに取り組もうとした矢先の二〇一四年三月、勉は再び脳出血を起こして倒れる。

二度目の脳出血は、勉の身体に前回以上の大きなダメージを与えた。体の麻痺に留まらず、高次脳機能障害まで引き起こした。高次脳機能障害とは、脳に損傷を負うことで記憶障害、注意障害、遂行機能障害、社会的行動障害が起こるとされている。

このせいで、勉は情緒が不安定になって、何でもないようなことでも感情的になって大声で喚《わめ》き散らすようになった。一日のスケジュールを細かく決めて、「何時にご飯を出せ」「何時に歯を磨け」と日出美に求め、それがわずかでもズレると激高する。埃《ほこり》が落ちていたり、食器が汚れていたりするだけで、手に負えないほど暴れた。

後に日出美の精神鑑定に当たった医師も公判で述べている。

「脳出血後は、勉さんはかなり物事に対するこだわりが強くなったようです。もともとは善良で前向きな性格だったようですが、脳出血による高次脳機能障害のせいで自己主張が激しくなったのではないでしょうか。
勉さんが入院していた時のカルテを調べたところ、本当に些細なことで夜も昼もナースコールを頻繁に鳴らして、看護師に鬱憤《うっぷん》をぶつけていたようです。家に帰ってからは、そうしたことがすべて日出美さん一人に向けられていたと考えれば、日出美さんにかかる負担やストレスは相当なものだったはずです。
それでも日出美さんは何もかも一人で受け止めていました。元看護師なので、医療について他の人よりは知っているという自負があり、自分の手で最後までやり抜こうとしていたのかもしれません。逆に言えば、そうしたことが周りに相談しにくい状況をつくって、彼女を孤立させていたのです」

家で日出美を悩ませたのが、勉の脳出血による排尿障害だった。昼夜を問わず、十五分ごとに激しい尿意を覚えるのだが、一人では移動できないので、日出美が車イスに乗せてトイレへ連れて行くことになる。

この時、勉は日出美が少しでも手間取ると、いら立って「早くしろ！」「グズグズするな！」と怒鳴った。トイレに連れて行ってもらっても、なかなか尿は出ず、その間、日出美は何十分もドアの外で待たされる。結局排尿できないまま寝室にもどるのだが、またすぐに「トイレ！」という声で叩《たた》き起こされる。日によってはこれが夜通しつづいた。

　こうした状況に、二階に暮らしていた成己は気がついてよさそうなものだが、相変わらず一階で起きていることに目を向けず手を差し伸べようとしなかった。それどころか、介護に疲れて日常のことが手につかない日出美に厳しく当たることさえあった。たとえば、日出美は夜中トイレと寝室を行き来している間に、廊下の電気を消し忘れることがあった。成己はそんな彼女を叱《しか》りつけた。

「電気をつけっぱなしにしたら無駄だろ！　ちゃんと消して眠れよ！」

　家の光熱費は二世帯で折半していたため、成己は母が無駄遣いをしていると咎《とが》めたのだ。

　成己は先述のように介護は自分の役割ではないと考えていたのだろう。だが、勉は成己が九歳の時から父親として接し、面倒を見てきた。日出美にしてみれば、息子の冷たい態度は容認しがたいものがあったはずだ。

　ある日、日出美は成己に言った。

「これからお父さんの介護が大変になるでしょ。家族が同居していると、国からの福祉の補助が十分に受けられないこともあるの。だから、今後は別々に住めないかしら。私としてはこの家を売って、お父さんを介護施設に入れる費用をつくろうと思うの」

長男家族が介護を手伝ってくれないのならば、同居していても意味がない。いっそ家を売却し、その金で夫を介護施設に入所させようと考えたのだ。

成己は答えた。

「わかったよ。どうせ俺たちは仲良くないし、出て行くよ」

日出美は、これで介護生活に目途がつく、と考えた。あとは長男家族が家を出て行ってくれるのを待つだけだ。

だが、成己は出て行く約束をしておきながら、母親からその期日を言われなかったことをいいことに家に留まりつづけた。彼にしてみれば、実家から出て余計な金をつかいたくなかったというのが本音だったのではないか。これによって、日出美の介護生活は予定外に引き延ばされることになったのである。

日出美が自分の体に異変が起きていることに気がついたのは、この時期だった。

それまでと同じように介護をしているつもりだったが、我ながらおかしいと思うくらいに自分自身をコントロールできなくなったのだ。歩いていたら急に涙が溢れて止まらなくなったり、一、二分前の記憶がまったく抜け落ちていたりする。体が痺《しび》れて動かなくなることもあった。二十四時間、三百六十五日にわたる介護のストレスが、ついに心も体も壊してしまったのである。

彼女は振り返る。

「気がつくと、私の心は自覚できるほど変になっていました。介護でちょっとしたことが起きただけで、動悸《どうき》が激しくなって息ができなくなるんです。全身から汗が噴き出したり、手が震えたりということもあった。あれっと思っているうちに、人と会って話をすることが難しくなりました。人を前にしても、笑うことも、泣くことも、悲しむこともできない。感情が死んでいたんです。途中でこれはいけないと思って、精神科で診てもらうことにしたところ、お医者さんからは『うつ状態』だと診断されました」

日出美は病院で働いた経験から、うつ病を患《わずら》ったまま二十四時間の介護をするのは困難だと認識できたはずだ。だが、冷静な判断ができなくなっていた上に、これまで一人で乗り越えてきた自負から他人に頼ることができず、病院で処方された薬を飲みながら介護をつづけた。

こうしたことが、日出美の心の病をより悪化させた。担当医の記録によれば、二〇一四年の秋から冬にかけて本人が自覚する以外にも、「希死念慮」「気力減退」「無価値感」「思考や集中力の減退」「決断困難」といった症状が現れていた。

その中でも、日出美を追い詰めたのが希死念慮による自殺願望だった。介護に疲れ果てた彼女の脳裏には、いく度もこんな考えが過《よぎ》った。

――もう死んでしまいたい。そうすれば何もかも楽になれる。

気がつくと自殺を考えているということが一日に何度もあった。彼女はその度に、ハッと我に返って「ダメだ。がんばらなくっちゃ」と自分に言い聞かせるのだが、また少しすると同じように死にたいという気持ちに囚《とら》われる。時を経るにつれて、死について考える時間が増えていった。

自殺を考えている時、彼女は毎回のように夫の将来を案じた。今は自分が介護しているから生活がギリギリのところで成り立っているが、そうでなければトイレどころか、食事をとることさえできない。息子の成己が力になってくれることもないだろう。それならば、自分と一緒に彼も死なせた方がいいのではないか。

二〇一四年の十二月になって間もなく、日出美は勉にこう打ち明けた。

「私、病院でうつ病と診断されているんです。時々、あなたを殺して自分も死のうと考えてしまう。自分でもどうしたらいいかわからないんです」

勉は驚いて、病院で自殺願望に囚われていることを相談するように言った。

日出美は病院へ行き、正直にすべてを話した。医師が提案したのは、レスパイト入院（68頁《ページ》参照）だった。勉を病院にしばらく入院させることで、日出美の負担を和らげようとしたのだ。勉の方も、日出美の気分転換になるならば、と受け入れた。

ケアマネージャーの秋子は、日出美からレスパイト入院の報告を受けた時のことを法廷でこう語った。

「十二月の下旬に、日出美さんから病気で介護が難しく、勉さんをレスパイト入院させるという連絡を受けました。声は別人のように落ち込んでいて、うつになったことを私に知らせるので精一杯という感じでした。私が日出美さんの病状を知ったのはこの時が初めてでした」

十二月二十六日、勉は病院に入院することになった。その後すぐに、秋子は病院へ見舞いに行った。勉はベッドに横たわったまま、妻を病気になるまで追い込んだことを悔やんでいた。彼は涙を流して秋子に言った。

「僕の介護のことはいいんです。今は、妻の負担が減るような介護プランを考えてくださいませんか。お願いいたします」

彼にしても、日出美の病気が治らなければ、生活ができないのだ。

秋子は答えた。

「わかりました。退院したら、具体的にどうするか相談しましょう」

彼女の頭にあったのは、介護施設でのショートステイや訪問介護の利用だった。本当の意味で日出美の負担を減らすには、それらを利用して介護の負担を軽減させるしかない。ただ、ショートステイは希望者が多くすぐには利用できないため、事前に事業所への申し込みを済ませておいて、退院後に話を進めることにした。

年が明けた一月八日、日出美は勉が入院している病院へ呼び出された。医師から、十三日には退院させたいので勉を自宅に連れ帰ってほしい、と告げられた。レスパイト入院は通常二、三週間の利用であり、それが過ぎれば他の患者にベッドを空けなければならないのだ。

日出美は秋子に連絡をして言った。

「夫が退院することになりました。仕方ないですよね……。排尿障害の介護が減るように、病院からオムツの当て方を習うことになりました。それで寝てくれる時間が少しでも増えてくれればいいんですが」

口調はひどく弱々しかった。秋子は心配になって言った。

「退院のお手伝いをしましょうか」

「もしそうしてもらえるのだとしたら嬉《うれ》しいです」

秋子は勉の退院に付き添い、その後予定していたショートステイ等について話し合うつもりだった。

だが、退院の前日、日出美から秋子に連絡があった。日出美は電話越しに言った。

「明日の退院ですが、やっぱり一人で行きます」

何か理由があるようだった。

「わかりました。それじゃ、私は行かなくていいんですね」

「はい」

「それじゃ、退院が終わったら、今後のことについてお話ししましょう。こちらで考えていることをおつたえしたいので」

秋子は日出美がショートステイやヘルパーを利用することに同意してくれるものと楽観視していた。

だが、日出美の精神状態は、秋子が想像していたより深刻だった。病院から退院を告げられた翌九日には、スーパーでこっそりと自殺に使用するための柳葉包丁を購入していたのだ。むろん、そのことは秋子も医師も知らなかった。

一月十三日の退院は、そのような状況で行われたのだ。

病院から帰った勉は、一階の寝室のベッドで再び寝たきりの療養生活をはじめた。

二階に住む成己は、母親の病状の悪化にも自殺用の柳葉包丁にもまったく気づいていなかった。日出美から「うつ病になった」「心中を考えてしまう」と聞かされてはいたが、深刻なものではないと高をくくっていたのだ。

再び介護生活がはじまったが、日出美はオムツの使用によって負担が減ることを期待した。夜だけでも眠ることができれば、なんとかやっていけるのではないかという淡い期待があった。だが、勉はオムツに排尿することに慣れず、夜中でも日出美を叩き起こしてトイレへ行きたいと訴えた。頭ではそれが日出美に負荷を負わせることになるとわかっていても、高次脳機能障害によって感情を制御できず、つい怒鳴りつけてしまう。

日出美は、以前同様の日々に逆もどりしたことに暗澹《あんたん》とした気持ちになった。心休まる時間はなく、うつ病の体に鞭打《むちう》って介護をしても頭ごなしに罵倒《ばとう》される毎日。罵声を聞く度に、死んで楽になりたいという気持ちが肥大化していった。

おそらくこの状況を食い止める手立てがあったとすれば、秋子の提案するショートステイやヘルパーの利用だっただろう。だが、それは叶《かな》わなかった。

秋子は理由を次のように述べる。

「退院した後、電話で日出美さんといろいろと話をしました。私の方からショートステイの手配なんかを提案したのですが、彼女は新しいサービスを受けることに消極的でした。今思えば、うつ病になって新しいことをはじめる意欲がなくなっていたんだと思いますが、そこまでは気がつきませんでした。

　私としては、日出美さんがショートステイを利用するつもりがないなら、高齢者施設への入所を進めるしかないと考えていました。でも、高齢者施設はどこも受け入れに余裕がないので、申し込んでも入所までには時間がかかりますし、入所に必要な費用も用意しなければなりません。ご本人が積極的に動いてくれない限りは、こちらとしてもそれを実現することが難しいのです」

　うつ病によって日出美は殻《から》にこもるようになり、自分が何をすべきかさえも考えられなくなっていた。それが秋子の提案を自ら遮断することになったのだ。

　退院から四日後の一月十七日の深夜、日出美は布団《ふとん》に横たわり毛布をかぶりながらも視線を暗い天井に彷徨《さまよ》わせていた。勉が帰ってきてから、日出美は勉に振り回されて睡眠という睡眠がとれずにいた。うつ病の苦しみ、極度の不眠、薬の副作用が重なり、今が昼なのか夜なのか、あるいは目が覚めているのかそうでないかさえわからなくなっていた。

　日出美の胸には「死にたい」という気持ちが破裂寸前まで膨らんでいた。これ以上、自分にできることがあるとは思えなかった。こんな苦しみにもだえるくらいなら、自らの手で幕を下ろすしかない。

――死ねば楽になる。でも、お父さんを一人残すことはできないから連れて行かなきゃ。

朦朧《もうろう》とした意識の中を、そんな感情が何十回、何百回と過っていった。

時計の針は午前五時を指していた。窓の外はまだ冷たい闇《やみ》に閉ざされている。その時、勉の声が耳をつんざいた。

「おい、起きるぞ！」

日出美は夫の言葉を聞いて恐怖に全身が固まるのを感じた。声を聞くたびに鉄槌《てっつい》で殴られたような痛みが全身に走るようになっていたのだ。

彼女は慌《あわ》てて布団から飛び起きて言う。

「ト、トイレですか」

「着替えさせてくれ！」

「まだ夜ですよ。着替えてどうするんですか」

「いいから着替えさせろ！」

夫の怒鳴り声が頭にガンガン響く。日出美は聞いているうちに、頭がおかしくなりそうになった。

きっと勉は今が何時かもわかっていないのだろう。着替えさせれば、また大きな声で「食事の用意をしろ！」だの、「トイレへ連れて行け！」だのとわめき立てるに違いない。生き地獄のような一日が幕を開けようとしているのだ。

日出美は、もうダメ、と思った。もう耐えられる自信がなかった。ただ、そんな中でも勉の将来が気に掛かっていた。死ぬなら、一緒に連れて行ってあげよう。

このあたりから日出美の記憶は途切れ途切れになっている。心中の思いで頭がいっぱいになっていたに違いない。気がつくと、彼女は八日前に購入して隠していた柳葉包丁を取り出していた。勉は「着替えさせろ！」と叫んで立ち上がっていた。自分が支えて立たせたのか、一人でそうしたのかはわからなかった。

日出美は柳葉包丁の柄を握りしめ、そんな夫の背中を刺した。

「ぎゃあ！」

大きな叫び声が響いた。勉が床に仰向けになって倒れ込む。日出美はあわてて馬乗りになった。そして夫に対して力いっぱい何度も柳葉包丁を振り下ろした。

後の死体検案によれば、背中よりも、胸や腹部に多数の包丁による刺し傷が残っていた。傷は背中に一カ所、胸と腹に二十九カ所。その中には心臓や肺を貫通しているものもあった。また、腕にも裂傷が二カ所残されており、これは勉が腕で防ごうとしてついたものと推測される。日出美の年齢や体力を考えれば、一分間以上はくり返し刺していたのではないか。

この時、家の二階で眠っていた成己は、勉の悲鳴を聞いて目を覚ました。勉は脳出血で倒れてから、たまに深夜に叫び声を上げることがあったので、この時もそれだろうと思った。だが、悪い予感があり、じっと眼を閉じていても眠ることができなかった。

下の階で一服するか。成己はそう考えて煙草《たばこ》の箱を手にして階段を下りていった。すると、突然寝室から日出美が飛び出してきた。成己は母親の姿を見て体が固まった。寝間着が血だらけだったのである。

「どうしたんだよ！」

「お、お父さんを刺しちゃった……」

「刺したって！」

母は全身をガタガタと震わせてそれ以上何も言わない。

成己は恐る恐る寝室をのぞき込んだ。そこには、血の海の中に横たわっている勉の姿があった。全長三十四センチの柳葉包丁が真っ赤に染まって転がっている。出血の量からして死んでいるのは明らかだった。

「なんで、こんなことしたんだよ」

日出美は顔を蒼白《そうはく》にし、一点を見つめながらブツブツと何かをつぶやいていたが、言葉は意味をなしていなかった。

成己は日出美から事情を聞くのをあきらめ、二階にいた妻を起こして事情をつたえた。妻は言われるがままに一一〇番通報した。

千葉県警の通信指令室の記録には、成己の妻が次のように語っている声が残っている。

「義理の母が父を刺しました。刃物は義理の父の脇《わき》に置いてあります。刺した母は家にいます」

駆けつけた警察官によって、日出美は現行犯逮捕。勉は大学病院に運ばれたものの、午前七時十六分に死亡が確認された。

この事件は、元看護師の女性が、長男の家族と同居していたにもかかわらず起こした老老介護殺人事件として報じられた。

調べを進める中で明らかになったのは、日出美が孤立して次第に追い詰められていく姿だ。日出美の元看護師という経歴が、どこまで外にＳＯＳを出すことの妨げになったのかはわからない。ただ、彼女が必死になって長年連れ添ってきた夫の回復を願い、あらゆることを献身的に行っていたのは事実だ。

もし夫の容態がそれで改善していれば救いもあっただろう。しかし、二度目の脳出血で、夫の病状は悪化する一方だった。日出美はそれとともに坂道から転げ落ちるように身も心も打ち砕かれていったのである。

ケアマネージャーの秋子は、証言の最後で次のように語った。

「変な言い方ですが、事件が起きてしまったのは、日出美さんが介護放棄をするような人ではなかったからです。できないとなれば、行政などから救いの手が差し伸べられたでしょう。でも、彼女は、限界だということを私にも、病院側にも言いませんでした。だからこそ、介護放棄できればよかったのかもしれないと思うんです。彼女の責任感みたいなものが事件を生み出してしまったのではないでしょうか」

夫に対する深い愛情、介護者としての責任感、息子や孫の代にまで負担をかけたくないという思い。そうしたことが事件を起こしたのだとしたら、あまりにも悲しい結末ではないだろうか。

老老介護が引き起こした悲劇という意味では、この事件はほんの一例に過ぎないだろう。殺人事件にまで至らなくても、その前に心身を病んで共倒れしてしまった者や、自死を選んだ人も数多《あまた》いるからだ。数々の介護現場を見てきた秋子が思わず「介護放棄できればよかった」と口にしたのは、そうしたことがあったからに違いない。

裁判長は判決を出すにあたって、次のように述べた。

「高齢で、昼夜を問わない介護で心身ともに疲れ、うつ状態に陥って無理心中しようと思い悩んでの衝動的犯行。同情すべき点がある。（中略）介護を頑張ったことは認められるが、夫とともに生きる道を探り、周りの手助けを得るべきだった。今後も罪の重さと向き合っていってください」

彼女には次のような刑が下された。

――懲役三年、執行猶予《ゆうよ》五年（求刑・懲役八年）。

6　夫の愛情を独占する息子が許せない　〈虐待《ぎゃくたい》殺人〉

「子供は夫の愛情を独り占めしていました。子供なんていない方がいいと思い、窓から突き落としました」

二〇一四年の年末の肌を切るような寒い夜のこと、都内にあるマンションの十三階の窓から、母親が五歳の息子を投げ落とした。

息子は全身を強打し、骨は砕け、内臓は破裂。瀕死《ひんし》の状態で血だらけになっているのを発見したのは、数十分後に自宅に帰ってきた父親だった。父親はすぐに警察に通報し、その場で母親は逮捕された。

後日、警察署で行われた取り調べの中で、母親が語ったのが冒頭の言葉だった。夫への愛情ゆえに、それを独占する五歳の息子が許せずに殺したと言い放ったのだ。

彼女はまた次のようにも言った。

「成長して体重が重くなると抱えられない。今だったら自分一人の力で（殺害）できると思った」
母親の息子に対する理解しがたいほどの憎悪《ぞうお》。その背景には何があったのだろうか。

隅田川にほど近い大通りに面したそのマンションは、周辺でも目立つほど高くそびえていた。その最上階で暮らしていたのは、事件当時五十七歳の小佐野《おさの》晴彦《はるひこ》（仮名。以下同）と、同三十四歳で妻の恋《れん》、そして被害者となる息子の瑞貴《みずき》の三人だ。

不動産サイトによれば、マンションは二〇一〇年に建てられたばかりで、賃貸で借りた場合は月額二十万円ほど。近隣でも比較的高額な部類に入るマンションに暮らせたのは、晴彦が会社を経営していたためだろう。

この会社は一九五〇年代から部品製造を事業として行っていた。父親が創業者で、晴彦は息子で後継ぎという立場だった。大学卒業後、晴彦はその会社に就職。二十六歳で最初の結婚をし、四年ほどして女児が誕生した。四十歳で一度別の会社に転職したが、その頃に家庭不和から離婚。妻が娘の親権を持ち、晴彦は養育費を支払うことになった。晴彦は愛娘《まなむすめ》をひとり親にしてしまったことに大きな罪悪感を抱いたという。

離婚からほどなくして、晴彦は父親の経営する会社へ復帰した。父親の社長退任に伴い、後を継いだのだ。トップとして会社の経営を維持し、社員たちの生活を守るのは、周りの想像以上に大変だったはずだ。

二〇〇七年二月、前社長の父親が死去し、晴彦は名実ともに社長として会社を切り盛りしていかなければならなくなった。恋と出会ったのは、この年のことだ。当時、晴彦が五十歳、恋が二十七歳だった。ある携帯のサイトを通じて知り合ったことがきっかけだった。

晴彦にとって、二十三歳下の恋は若々しくかわいくて仕方がなかったのだろう、交際をはじめてから間もなく、当時住んでいたマンションに彼女を住まわせた。生活に不自由していた恋はさして悩むこともなくやってきた。

この頃、恋には普通とは異なる言動がいくつか見られた。その一つが窃盗《せっとう》癖だ。スーパーなどへ買い物に行った際、棚の商品を勝手にバッグに入れて持って帰ってきてしまうのだ。生活に必要なお金は渡していたし、盗んだ品の中には恋にとって使い道のないものも含まれていた。お金に困ってやっているというより、衝動的に手を出しているようだった。

また、彼女には平然と嘘《うそ》をつくところがあった。日常の何気ない会話の中でも、数分前とはまったく違ったことを話したり、普通に考えるとありえないことを平気でペラペラとしゃべったりする。

二人にとって重要な話をしている時も同じだった。たとえば、恋は二十七歳までに二回の離婚歴があり、二番目の夫との間には子供もいたが、晴彦が訊《き》く度に彼女が話す離婚の理由が違っていて、今は仕事もしていないのに「元夫は働かない人だったので、私がお金を稼いで（養育費を）渡している」とありもしないことを語った。

晴彦はそんな恋の特性を見抜いていたが、ほれ込んでいたこともあって、そこまで深刻なものとして受け止めなかった。少し変わった子といった程度の認識だったのかもしれない。

同棲《どうせい》開始から間もなく、恋が妊娠したようだと打ち明けてきた。だが、彼女は嬉《うれ》しそうな素振りをまったく見せなかった。理由を訊かれると、彼女は答えた。

「私、子供が好きじゃないの。子育てするのは嫌」

「でも、子供ができたら産むしかないだろ」

五十歳を超えていたが、離婚で娘を手放していた晴彦は子供を欲しがった。

「俺が子育てを手伝うよ。せっかくだから育てよう」

彼は煮え切らない彼女を出産するように説得した。二〇〇九年五月、こうして生まれたのが瑞貴だった。

二人は出産の翌月に入籍し、家族三人の新婚生活をスタートさせた。一年後に会社の近くにある十三階建ての新築マンションの最上階に新居を設けたのは、幸せな家庭を築くためだった。晴彦は経営者として仕事が多忙だったことから、家にいるだけの恋が家事や子育てをすると期待したが、その目論見《もくろみ》はすぐに外れた。恋がそれらを一切、拒絶したのである。

裁判で、晴彦は元妻を離婚後の姓のフルネームで呼び捨てにして語った（「木村」も仮名）。

「木村恋は、出産前から子供全般が嫌いだと話していました。それでも子供ができたらかわいがるのかと思っていましたが、そうじゃなかった。やるのはせいぜいミルクを飲ませることくらいで、外へ遊びに連れて行く、沐浴《もくよく》させる、寝かしつけをするといったことをしようとしなかった。家のことも同じで、料理はまったくせずに、毎日外食でした。育児を含む家事全般がとにかく嫌だったようです」

晴彦にしてみれば、恋は家のことをすべて放棄していたように見えていた。だが、恋にとっては瑞貴の傍にいるだけでストレスだったらしく、そのいら立ちから万引きを頻繁にくり返すようになった。幼い瑞貴を抱いたまま、手当たり次第にものを盗んできたのだ。

ある日、スーパーで商品を隠し持って出ていこうとしたところを見つかって捕まった。会社にいた晴彦のもとに連絡があり、スーパーへ謝罪に赴いた。恋は万引きの理由を問いただされ、こう答えた。

「子育てが嫌だったから」

さらに、次のようにも話した。

「私、子供が嫌なの。泣き声がうるさいし、汚らしいとしか思えない。瑞貴と一緒にいたくない。私が面倒みるのは嫌だから保育園に入れて！」

晴彦はこのままでは瑞貴に悪影響が及ぶと考え、二歳になる年から近所の保育園に入園させ、自分が育児をしようと決めた。朝から夕方まで預かってもらえば、少なくともその間は恋と二人きりにしなくて済む。そうすれば彼女のストレスも減り、万引きをしなくなるだろう。

自分で育児をしようと決心してから、晴彦は涙ぐましいほどそれに打ち込んだ。社長業も抱えながら、夕方には仕事を終えて保育園へ瑞貴を迎えに行った。食事は、帰宅途中でレストランに寄るか、食材を買って家で調理をするか。それが終わると家の掃除をして瑞貴をお風呂《ふろ》に入れ、寝る時間までベッドで一緒に横たわってゲームや絵本の読み聞かせをする。寝かしつけも彼の役割だった。

土日や祝日も、晴彦は時間をつくって瑞貴をテーマパークやドライブへ連れて行った。たくさん新しいことを体験させてあげたかった。恋の方はといえば、気が向く時だけついてくる程度で、瑞貴の傍にいても声を掛けることさえほとんどなかった。この時の様子を、晴彦の友人の女性は次のように語る。

「恋さんは子供に関心がないようでした。彼女が瑞貴君と遊んでいる姿は見たことがありませんし、ちゃんと話もしていません。口をきく時は、『それ、止《や》めな』とか一言叱《しか》るだけ。ちゃんと子供にわかるように目線を合わせて諭すようなことはありません。瑞貴君も恋さんがそんな人だとわかっていたので、甘えるような仕草を見せようとせず、相手をしてくれるのは晴彦さんだけと思っていたみたいでした」

会社の部下たちは、晴彦のそんな育児への取り組みを目《ま》の当《あ》たりにしていたため、進んで手伝ってくれた。晴彦が忙しい時は社員が交代で預かり、面倒を見た。家族経営の小さな会社だからこそできることだった。

晴彦や社員たちの愛情につつまれ、瑞貴は順調に成長していった。三歳になる頃には同年代の仲の良い友達ができ、社員の数人には特に懐《なつ》いた。彼にとっての社会は確実に広がっていたのである。

一方、恋の子供嫌いは相変わらずで、瑞貴と頑《かたく》なに距離を置いていた。家では顔を合わせようともせず、よほどのことがない限り声を掛けることもない。夕食後にリビングで晴彦と瑞貴がじゃれていると、彼女は不愉快そうに背を向けて別の部屋に閉じこもった。出てくるのは、瑞貴が寝静まってから。そっと顔をだして、「あの子、もう寝た？」と確認してから入ってくる。

晴彦にしてみれば言いたいことは山ほどあったが、これまで何度話し合っても平行線をたどったことからあきらめていた。無理にかかわらせて窃盗癖を悪化させるより、瑞貴に母親は存在しないものとしたのだ。

二〇一一年十月、そんな恋に変化を及ぼす出来事が起こる。警察から連絡があり、こう言われたのだ。

「お母様かと思われる方が亡《な》くなりました。ご家族の身元確認が必要なので、お越しいただけないでしょうか」

恋は母親とは長らく絶縁状態で、どこで何をして生きているのかわからなかった。警察署へ赴き、刑事に付き添われて一室に入ると、母親の遺体が横たわっていた。

刑事は言った。

「死因は、自殺のようです」

首にはヒモ状の痕《あと》がはっきりと残っていた。

恋は母親とは疎遠《そえん》だったと晴彦に語っていたし、悲しむ様子はなかった。だが、この一件を機に、彼女の言動がさらにおかしくなっていく。

まず、まったくと言っていいほど食事をしなくなった。栄養失調でわずか一カ月の間に体重が二十三キロも落ち込み、骨と皮だけのような体格になった。月経も止まり、一日中ボーッとしている。

そうこうしているうちに今度は、解離性障害の症状も現れた。家で用事をしていたり、町を歩いたりしている時、突如として凍りついたように固まって動かなくなってしまうのだ。周りの人が声をかけても、ゆさぶっても、一点を見つめたまま停止している。数秒から数十秒すると、ふと意識がもどって何事もなかったように動きだす。

気が気でなかったのは、横断歩道を渡っている時や、エスカレーターに乗っている時にもそれが起こることだ。大事故にならないよう、晴彦は常に彼女を見守らなければならなかった。瑞貴も母親の心身に起きていることを理解していて、恋が道端で固まると、体をゆすって大きな声で「ママ、起きて！」と呼びかけた。

また、記憶障害も目立つようになった。話をしていても、数秒前にしゃべったことや言われたことを記憶できず、何度も同じ話をくり返す。家のゴミ箱や洋服簞笥《だんす》の位置を忘れて、家の中を何分も行ったり来たりすることもあった。

さらに、恋は精神不安のストレスから再び窃盗癖を悪化させた。それまでも月に一度くらいのペースで万引きはつづいていたのだが、母親の死後は歯止めがきかなくなった。

晴彦の言葉である。

「外へ一人で出かけさせたら、木村恋は行く先で何かを盗《と》ってきてしまいました。日中一人にさせて夜に家に帰ると、テーブルの上やバッグの中に万引きしたとしか思えない商品がいくつもあるんです。私はその度に問い詰めて盗んだ先を突き止めて商品を返しに行きましたが、また翌日にはケロッとして同じことをする。そんなことが数えきれないくらい起きるようになりました」

警察に残されている恋の逮捕記録は五回。略式起訴されたこともあった。この時は、地元のスーパーマーケットでキャットフードなど計十一点を盗んだ罪で、三十万円の罰金刑が下された。

事件後に行われた精神鑑定では、恋は母親の死によって重度の抑うつ症になり、ストレスから窃盗をくり返したと診断された。だが、晴彦はその意見には否定的だ。彼の言葉である。

「妊娠前から木村恋は万引きをしていたので、育児や抑うつ症によるストレスが原因ではないと考えていました。僕としては、彼女の癖というか、病気だという考えだったのです。だから、きちんと専門の先生に診てもらって治療を受けるべきだと考えていましたし、本人にもそうつたえていました。初め彼女は受け入れようとしませんでしたが、何度も話をしているうちに理解してくれました」

略式起訴された後、恋は晴彦から治療を受けなければ離婚も辞さないと言われ、クリニックへ通いはじめた。ただ、そのクリニックでは窃盗癖に対する治療より、解離性障害や記憶障害、それに大きな音に対するパニック障害の治療が優先された。窃盗癖を治すには生活を安定させる必要があるため、まずは精神疾患の治療に注力したのだろう。

晴彦はクリニックに通わせるだけではすぐに窃盗癖が治らないと考え、自分でも対策を講じることにした。日中も、彼女を家で一人にせず、会社に連れて行って監視することにしたのである。

彼は言う。

「いくら言っても木村恋は万引きをやめなかったので、私が見守るしかないと考えました。それで彼女も毎日会社に来させることにしたんです。

この頃、瑞貴は『保育園は赤ちゃんのいるところだから嫌い』と言って行きたがらなくなっていました。それで幼稚園へ転園させて、毎朝送迎バスで送ってから、私は恋を連れて会社へ行きました。彼女は空いているデスクにすわって、ネットサーフィンをして過ごしていました。社員たちにも事情を話して、それとなく見張ってもらっていました。

それでも、彼女は度々万引きをしました。たとえばある日、彼女が『ちょっと用がある』と言って会社を出て行ったんです。少ししたら、大きな荷物を担《かつ》いで帰ってきた。問いただしてみたら、近くの店に行って持ってきたという。そんな感じなので買い物に行かせることもできなかったんです」

会社の社員が一丸となって見張っていても、恋はその目をすり抜けるようにして万引きをした。

晴彦が特に注意したのが、会社帰りにレストランやスーパーに寄る時だった。レストランで食事をしている時も、備え置きの食器やレジ横の商品をバッグに入れてしまう。晴彦だけでなく、瑞貴も一緒になって恋のことを注意して見守るようになった。幼稚園児にもかかわらず、母親がちょっと怪しい行動をすると、「ママ、いけないんだ！」と大きな声で注意する。

晴彦は、そんな瑞貴にこう説明していた。

「ママは病気なんだよ。それで物を盗ってしまうんだ。クリニックで診てもらっているから、だんだんと良くなるからね」

瑞貴は、恋をかわいそうな病人と見ていたのだろう、こう言った。

「僕がママを守ってあげる！」

瑞貴には、何があっても恋がたった一人の母親だったのだ。

その後、恋の病状は一進一退をくり返したが、酒を飲む習慣がついた二〇一四年の秋から急激に悪くなった。

これまで恋はアルコールに弱かったためほとんど飲まなかったのだが、生活がうまくいかないストレスを解消するために酒に手を出したようだ。節度を知らないものだから、昼でも夜でも目の前に酒があれば、空にするか、酔いつぶれるまでジュースでも飲むような勢いであおる。

晴彦が見るに見かねて注意して禁酒を言い渡した。すると、今度は酒のボトルを会社や自宅の棚に隠し、コソコソと飲むようになった。アルコールが加わったことで、以前からあった精神疾患が急激に悪化していった。

十一月の終わり、晴彦が離婚を本気で考えた出来事があった。その夜、晴彦は仕事を終えてから恋と瑞貴を連れて近所の居酒屋へ行った。店長とは長年の付き合いで親しくしていた。店では楽しく飲み食いして帰宅したのだが、翌日になって恋のバッグを見たところウイスキーのボトル、大量の割りばし、ソース、トイレットペーパーといったものが数え切れないほど出てきた。昨夜居酒屋で周りが見ていない隙《すき》に、店内のものを盗んでいたのだ。

　晴彦は怒った。

「おい！　よりによってあの店から盗んだのか！」

　彼女は悪びれる様子もなく、あっさりと窃盗を認めた。

　午後になり、晴彦は恋と居酒屋へ謝罪に行った。頭を下げて謝り、盗んだものをすべて返した。恋もうなだれて「すみませんでした」と言った。店長は許してくれた。

　晴彦は恥ずかしさと無力感で胸が一杯になりながら居酒屋を後にしようとした。その時、恋が再び店の棚に並べてあった焼酎《しょうちゅう》のボトルを盗もうとしているのに気がついた。彼は激怒した。

「おい、ふざけるな！　謝ったばかりなのに、また盗むつもりなのか！」

「そんなことしてない」

「してたじゃないか！　俺は見たぞ！」

「してないよ」

晴彦はしらを切る恋を見て、これ以上一緒に暮らしていくのは無理だと思った。

後日、晴彦は役所から離婚届をもらってきて、恋に突き出した。

「これに署名しなさい」

恋は憮然《ぶぜん》として「なんで」と訊いた。

「今すぐ離婚するわけじゃない。ただし、次に盗みをしたら、俺の方でこれを役所に提出して別れる。わかったね」

ここまですれば否応《いやおう》なく危機感を覚えて万引きをやめるだろうと考えたのだ。恋は「わかった」と答え、離婚届に署名し、印鑑を押した。

しかし、晴彦はいく日も経《た》たないうちに裏切られることになる。居酒屋での一件から二日後、家族三人でファミリーレストランへ行った。ソファーにすわって食事をしていると、瑞貴が怪訝《けげん》な顔をして言った。

「ママ、何これ？」

バッグがパンパンに膨らんでいる。嫌な予感がして、晴彦がバッグをひったくって開けると、中からおしぼりやスティック砂糖が大量に出てきた。店に置いてあるものを手当たり次第に持ち帰ろうとしていたのである。晴彦は怒りを通り越して絶望に暮れた。

彼の言葉だ。

「万引きの件については、どれだけ二人で話し合いをしたかしれません。木村恋はその度に『もうしない』と言いますし、きつく注意されると手紙で〈パパ、ごめんね、もうしないから〉みたいに書いてくるのですが、翌日にはケロッとして同じことをする。常に口先だけの謝罪なんです。

これだけ裏切られても私が木村恋との離婚に踏み切らなかったのは、瑞貴をひとり親にしたくないという気持ちからです。僕は一度離婚したことで娘に寂しい思いをさせたことがあったので、瑞貴だけはちゃんと両親がそろった状態で育ててあげたかった。

もし木村恋の暴力が常習化していれば、ためらわずに離婚していたと思います。でも、あの時点では、彼女が暴力を振るうことはなかった。だから、裏切られても、ちゃんとした治療を受ければ治るはずだと期待して、ズルズルと関係をつづけてしまったのです」

晴彦は、当時通わせていたメンタルクリニックでは限界があると考え、より専門的な治療を受けられる病院を見つけようとしていた。だが彼が想像していたより、恋の心の病はずっと深刻なものだったのである。

クリスマス直前の十二月二十三日。都内某所のホテルでは、午後四時からクリスマスパーティーが開催されることになっていた。

晴彦の大学時代の同級生たちが毎年開催している、ファミリー向けのクリスマスパーティーだった。会場では立食式の宴会が催され、それ以外にも四つの広間を借りてマジックショー等子供向けのイベントも行っていた。

この日、昼過ぎから晴彦は会社に行って残っていた仕事を片づけていた。恋や瑞貴も一緒で、晴彦の仕事が終わるまで、二人は机でパソコンをいじりながらテイクアウトのハンバーガーセットを食べて待っていた。

午後三時過ぎ、晴彦は恋や瑞貴とともに会社を出て、タクシーでホテルへ向かった。到着すると、ホテルの一階には巨大なクリスマスツリーが飾られていて、瑞貴が目を丸くして驚いていた。晴彦はそんな瑞貴をツリーの前に立たせて記念撮影をした。

二階の宴会場では、旧知の久保田《くぼた》夫婦とばったり遭遇した。晴彦とは夫の一郎が高校の同級生、妻の由紀子《ゆきこ》が大学の同級生だった。花見やバーベキューなどで、年に三、四回は顔を合わせる仲で、恋や瑞貴のこともよく知っていた。

晴彦は久保田夫婦をはじめ、宴会場にいた同級生たちに声を掛けて回った。マジックショーの開催前だったため、子供たちは相手をしてくれる大人の周りに集まっている。瑞貴も、旧友と談笑する晴彦から離れ、そんな子供たちの輪の中に入っていた。

午後四時過ぎ、由紀子が宴会場を歩いていると、出入り口のところで恋と瑞貴がもみ合っているのが見えた。恋が恐ろしい顔をして腕を引っ張ってどこかへ連れて行こうとしている。瑞貴は嫌がって腰を引いて抵抗し、父親を捜すようにキョロキョロとあたりを見回す。由紀子がどうしようかと迷っているうちに、瑞貴は無理やり宴会場の外へと連れ出されていった。

由紀子は二人の様子がただ事ではないように感じて後を追ったが、姿は見当たらなかった。どこへ行ったのだろう。他の広間を見て回っていると、喫煙所に晴彦が立っていた。由紀子は歩み寄って言った。

「恋さんと瑞貴君が、なんかもみ合う感じで広間から出て行ったんだけど、どこにもいないの。知ってる?」

晴彦の表情が険しくなった。

「今さっき、トイレに行った時、隣の女子トイレから瑞貴の泣き声が聞こえたんだ。『ママ、ごめんなさい、ごめんなさい』って。何かあったのかもしれないから、見て来てくれないかな」

「うん、わかった」

　由紀子は駆け出した。

　女子トイレに入ると、個室が六つならんでいた。そのうちのドアの閉まった一室から男の子の泣き声が聞こえている。ここだ、と思って由紀子はドアを叩《たた》いた。

「泣いてるのは瑞貴君？」

　返事はなかったが、声を聞く限り瑞貴に間違いない。由紀子はドアに向かって言った。

「ねえ、瑞貴君でしょ？　中に恋さんもいるの？」

　数秒の後に、恋の声が聞こえてきた。

「大丈夫です」

　瑞貴は泣きつづけている。

「本当に大丈夫なの？　瑞貴君が泣いているみたいだけど」

「ちょっと変なものを飲んじゃっただけ。心配しないで」

「手伝おっか」

「……」

「ねえ、手伝うからドアを開けて」

恋の返事はない。少しして瑞貴が怯《おび》えたように「ごめんなさい！　ママ、ごめんなさい！」と叫ぶ声が聞こえてきた。恐怖に震え上がっているような異常な声だった。由紀子がドアを叩くと、突然便器の水が流れはじめた。恋が水音で泣き声をかき消そうとしているようだ。水音の向こうでは、瑞貴が震える声で謝りつづけている。

由紀子は、恋が瑞貴に手を上げているに違いない、と判断した。ドアを叩いて前以上に大きな声で叫ぶ。

「開けて！」

ドアは閉まったまま微動だにしない。中から聞こえる瑞貴の声が少しずつ弱まっていく。

トイレの外から、晴彦の声がした。

「どうした！　瑞貴たちは大丈夫なのか！」

由紀子はトイレから出て、外にいる晴彦に起きていることをつたえた。またすぐにトイレにもどり、ドアを叩いて声を掛ける。

「恋さん！　お願い！　ドアを開けて。瑞貴君は大丈夫なの⁉」

恋は返事をしようとしない。外では晴彦が声を裏返して叫んでいる。

「瑞貴、大丈夫か！　恋、出てきてくれ。瑞貴だけでも出してくれ！」

由紀子は、瑞貴の声が聞こえなくなっているのが気がかりだった。いても立ってもいられなくなり、由紀子は隣の個室に入って便器に上り、恋と瑞貴がいる個室をのぞこうとしたが、仕切りが高くて見えない。やむをえず、そこから恋と瑞貴に声を掛ける。トイレのドアが開いたのは、その時だった。由紀子が便器を下りて隣の個室に入ると、瑞貴が便器の右横にうつぶせに倒れていた。正座をするように足を曲げたまま、顔と胸を床につけて微動だにしない。

「瑞貴君！」

顔を見て血の気が引いた。瑞貴の顔全体が赤紫色にうっ血していたのだ。下唇が切れて血が流れている。

恋は便器の左側に立って呆然《ぼうぜん》としたままだった。由紀子は瑞貴を抱き上げて、トイレの外にいる晴彦のもとへ運んだ。晴彦は動揺をあらわにし、「どうした、瑞貴！」と体をゆさぶった。よく見ると、首の周りにヒモ状のもので絞められたような赤黒い痕が残っていた。赤くなった顔には小さな斑点《はんてん》がいくつも浮かび上がっていて、ズボンは失禁してぐっしょりと濡《ぬ》れている。

「おい、瑞貴！　パパのことをわかるか！」

瑞貴がうっすらと目を開けた。額にも青いコブができている。

「どうした。何された」

「ママに……、首、痛くされた……」

その一言で、恋が首を絞めたのだと察した。

恋が魂の抜けたような表情でトイレから出てくる。晴彦は彼女を呼び止めた。

「おい、瑞貴に何をしたんだ！」

「……何も、してない」

「そんなわけないだろ。何かしなきゃ、こんな状態になるわけないんだ！」

「してない」

嘘をついているのは明らかだが、言い合っている場合ではない。

由紀子の夫の一郎が騒ぎを聞きつけて駆け寄ってきた。瑞貴の様子を見るなり言った。

「救急車を呼んだ方がいいか」

晴彦の脳裏を過《よぎ》ったのは、救急車を呼べば事件沙汰《ざた》になるかもしれないということだった。同級生が家族で楽しく過ごしている会場で、そこまで騒ぎを大きくしたくなかった。

「大丈夫。うちだけで何とかするから」

晴彦はトイレから出てソファーに瑞貴を横たえ、落ち着くまで介抱することにした。

翌日は、朝から曇っていて冷たい風が吹きつけていた。幼稚園は冬休みに入っていたため、晴彦は昨日と同じように恋と瑞貴を連れて会社へ出勤した。

社内は年末が近かったこともあって、従業員たちには普段よりゆったりとした雰囲気が漂っていた。だが、彼らは瑞貴の顔を見た途端、ぎょっとした表情をした。瑞貴の顔についた傷ははっきりとわかるほど変色しており、首についたヒモの痕も昨夜よりも濃くなっていた。従業員たちが「どうしたの？」「何があったの？」と口々に尋ねてくる。

晴彦は瑞貴に嫌な記憶を蘇《よみがえ》らせたくなかったので言葉を濁したが、従業員たちが納得するはずもない。代わりに恋が笑顔を振りまいて言った。

「大丈夫。何でもないから、気にしないで！」

まるで他人事《ひとごと》のような口調だ。

それを聞いた瑞貴が思わず声を荒らげた。

「違うでしょ！　ママがヒモでぐいぐいやった！」

自分を死の一歩手前まで追いやって、何食わぬ顔でいる母親が許せなかったのだ。

晴彦はここで騒ぎを起こしても厄介なことになるだけだと考え、憤《いきどお》る瑞貴を抱き寄せた。瑞貴は父親の気持ちを察して口をつぐんだ。晴彦は瑞貴のことを思いやり、ひとまず恋と引き離すことしかできなかった。

この時の気持ちを晴彦は次のように語る。

「ホテルでの騒動が、木村恋が瑞貴に危害を加えた最初の出来事でした。これまでは叩いたり、首を絞めたりといったことはなかった。だから、私自身もホテルで起きたことを整理するまでに時間がかかりました。

あの晩、私はきちんと瑞貴からトイレで起きたことを聞き、首や顔の怪我も写真に撮っておきました。離婚するとなれば、その理由を証明する材料になると思ったからです。ただ、この時点ではまだ暴力沙汰が起きたのは一回だけだったので、離婚を強行するというより、恋の病院での治療を一日でも早く開始させることを考えていました。

クリスマスの後、私は都内のいくつかの病院に問い合わせて事情を説明し、入院を頼みましたが、症状や時期的なこともあって受け入れ先は見つかりませんでした。でも、会社での平然とした態度を見ると怖くなり、早く入院先を決めて何が何でも瑞貴と引き離さなければならないと思いました」

その後も、晴彦は仕事の合間を縫って医療機関に問い合わせたが、年の瀬ということもあってなかなか望むような返事をもらえなかった。焦《あせ》りが募る中で、五日が経った。

十二月二十九日、東京の冬空は透き通るように晴れ渡っていた。会社はすでに年末休暇に入っていたが、晴彦は雑務を片付けなければならなかったため、恋と瑞貴を伴って出勤していた。

二人をパソコンで遊ばせている間、晴彦はデスクで事務作業を行っていた。この日は夕方から高校の同級生の親の通夜《つや》に参列する予定だったため、それまでに用事を済ませる必要があった。

午後三時過ぎ、仕事が一段落した時、通夜まで少し時間があった。晴彦は手を休めて今後のことについてもう一度考えてみた。年末年始は恋と瑞貴の傍にいてあげられるが、三が日が明けてからは仕事の都合でそうできない日も増えるだろう。クリスマスパーティーで数分間目を離した隙にあういうことが起きたのを考えれば、それまでに恋を入院させておくべきだ。

晴彦は、かつて警察に恋の窃盗癖について相談した際に、女性警察官から「何かあればいつでも連絡ください」と言われたのを思い出した。彼女なら相談に乗ってくれるかもしれない。彼は電話を取り出し、署にかけた。

応対した警察官に、晴彦は言った。

「その節はお世話になりました。実は、六日ほど前にうちの妻が息子の首を絞めたんです。今後も、妻が虐待するかもしれません。それを防ぐために入院をさせたいんですが、どこかご存じのところはありませんか」

警察官は答えた。

「虐待案件でしたら、児童相談所に連絡してみてはどうでしょうか。無休でやっていますし、一時保護という形をとれるかもしれません」

「児童相談所には入所させたくないんです。それに年末年始は僕が二人を見るつもりです。妻の病気を治すことが必要だと思っているので、医療機関をご紹介いただけないでしょうか」

「そういうことでしたら、病院をご紹介しますので、旦那《だんな》様の方から連絡してみてください」

警察官はそう言って、病院を紹介してくれた。晴彦はお礼を述べて電話を切り、病院へかけた。

病院では、看護師が対応に出た。晴彦は恋に解離性障害、記憶障害、窃盗癖があることを話した上で、クリスマスパーティーでの一件を説明して、できるだけ早く入院させてもらえないかと頼んだ。

看護師は答えた。

「入院するには、院長と話していただかなければなりません。ただ、本日は院長が不在なので、明日お越しいただくことは可能でしょうか」

「わかりました。院長先生が了解すれば、すぐに入院できるんですね」

「そういうこともありえると思います」

電話を切った時、晴彦は、これでうまくいく、と胸をなでおろした。先行きの見えない暗闇《くらやみ》に光が射《さ》したような気持ちだった。

この時の心境を晴彦は次のように語る。

「病院の看護師と電話で話をした後、恋を呼んで、明日面接に行くよ、と話しました。入院するかもしれないということもつたえました。最初は嫌そうにしていましたが、私が携帯で撮った瑞貴の怪我の写真を見せて、君にはどうしても治療が必要なんだと説得したら、彼女は渋々『わかった。今度は入院する』と答えました。ホッとしましたね。これで当面は瑞貴に害が及ぶことはないし、恋も良くなってくれるだろうという期待があったんです」

晴彦は彼なりにベストの対処をしたと言えるだろう。だが、院長の不在による面談の一日のズレが、痛ましい事件を引き起こすことになる。

会社で翌日病院へ面談に行くことを話し終えた後、晴彦は予定通り恋と瑞貴を連れて通夜へ行った。帰りは、近所のショッピングモールに寄って、夕飯を食べることにした。

ショッピングモールは、年の瀬ということもあっていつもより混雑しており、店も華やかに飾られていた。瑞貴はそれが嬉しかったらしく浮かれていて、店頭に人気キャラクターの入浴剤が並んでいるのを見て「ほしい！」とせがんだ。晴彦は同じ入浴剤が家にあったことから、別の入浴剤を買い与え、人気キャラクターのガチャガチャをさせてあげた。

恋はそんな二人の様子をじっと見てつぶやいた。

「良かったね。パパは、甘いから」

晴彦は気がつかなかったが、恋にしてみれば自分を精神病院に入院させ、瑞貴だけをかわいがる夫への精いっぱいの皮肉だった。

ショッピングモールで食事と買い物を終えてから、晴彦たちは車で会社にもどった。

自宅マンションまでは一ブロックしか離れておらず、徒歩で三分ほどだったため、会社の駐車場に車を止めていたのだ。

この時、恋が黙って階段を上って事務所に入った。晴彦と瑞貴が外で待っていると、すぐに下りてきたので、三人で自宅へと帰ることにした。

マンションにもどったのは、午後九時過ぎだった。家に入ると、大きな窓からは東京の下町を展望することができた。地上から十三階の部屋までは三十九・六メートル。周りの建物の多くはそれより低かった。

晴彦がエアコンで体が温まるのを待っていると、瑞貴が買ったばかりの入浴剤を手にして「これでお風呂に入りたい！」と無邪気に言ってきた。その時、恋がさっさとバスルームへ入ってしまった。彼女は風呂が長く、一時間以上入っているのが普通だ。

晴彦は瑞貴を慰めた。

「あーあ。ママが先にお風呂に入っちゃった。仕方ないから、パパとベッドでゲームをしよっか」

一日中外にいたため、相当疲れているはずだ。ベッドで遊んでいれば、そのまま眠るだろう。風呂は明日でいい。

晴彦は床に転がっているオモチャを手に取り、二人してベッドに横になった。夜景が見える窓はしっかりと閉められており、外の音は聞こえない。

しばらく二人で遊んでいると、予想通り瑞貴が眠たそうに目をこすりはじめた。

「パパ、僕、もう寝たい」

彼は体をなでた。

「じゃあ、寝ようか。お風呂はまた明日にしよう」

瑞貴は目を閉じるとすぐに寝息を立てだした。眠りが深く、寝付けば朝まで起きることはない。

晴彦は自分も眠気を感じたが、やり残したことがあった。明日、病院へ面接に行くことについてもう一度恋と話し合った後、入院の準備を整える必要があった。

午後十一時、バスルームから恋が体を火照《ほて》らせて出てきた。彼女は寝室をのぞいて言った。

「瑞貴、寝た?」

「ああ、ゲームしてすぐに眠ったよ」

「私、携帯電話を会社に忘れてきちゃったみたいなんだけど、ちょっと取りに行ってもいいかな」

先ほど会社に寄った時、デスクに置き忘れたのだという。

晴彦の脳裏に不安が過った。一人で外出させれば、コンビニに寄って万引きをするかもしれない。

「それなら、俺が取ってくるよ。どこに忘れたの？」

「事務所のデスク。ビジネスフォンの脇《わき》にある」

はっきりとした言い方だった。

「わかった。俺が行くから、家で待ってて」

「うん」

晴彦は上着を羽織ると、翌日がゴミ収集日だったため、生ゴミの袋を持ち、マンションを出た。

会社に到着すると、晴彦はシャッターを開けて階段を上がっていった。デスクの上には、彼女の言った通り携帯電話が置かれていた。それを手に取り、会社を出た。

帰り道、晴彦は風が冷たかったこともあって自動販売機で缶コーヒーを購入し、上着のポケットに入れて手を温めながら帰宅した。家を出てから帰るまでは二十分弱だった。

路地を曲がると、マンションの前に恋が一人で立っているのが見えた。キョロキョロとあたりを見回している。

晴彦は声をかけた。

「どうした？」

「瑞貴がいないの」

冗談だろ、と思った。

「いない訳ないだろ。布団《ふとん》で寝てたじゃないか」

「パパが出て行く時のドアの音で目が覚めちゃったの。それで追いかけて出て行っちゃったのよ」

絶対にそんなわけがない。瑞貴はドアが閉まったくらいの音では起きないし、ましてや真冬の夜中に五歳の男の子が一人で外に出ることなんてない。きっと恋は変な妄想につかれているのだ。

晴彦は聞き流して言った。

「部屋で寝ているよ。とりあえず、もどろう」

エレベーターに乗り、十三階の部屋へ上がっていった。

家の玄関で靴を脱ぎ、寝室をのぞいてみた。その瞬間、晴彦の背筋に冷たいものが走った。なぜか閉まっていたはずの窓が全開になっており、寒風が音を立てて吹き込んでいたのだ。ベッドの上に瑞貴の姿はない。次の瞬間、思いつく中で最悪のことが脳裏を駆け巡った。

――恋が窓から落としたんだ！

急いで家を飛び出し、一階に降りていった。窓の真下は植え込みになっている。そこを見ると、血だらけの瑞貴が倒れていた。

「おい、瑞貴！」

駆け寄って抱きかかえたが、ぐったりとして反応がない。

「瑞貴！　瑞貴！」

腕や足がだらりと下がっている。窓から落ちて叩きつけられたのだとしたらひとたまりもない。

救急車を呼ばなければ、と思ったが、携帯電話を自宅に置いたままだった。晴彦は血に染まった瑞貴を抱いて引き返した。エントランスに着いて、エレベーターのボタンを何度も押したが、なかなか降りてこない。

いても立ってもいられず、瑞貴の手を取って声をかける。

「大丈夫か！　瑞貴、大丈夫か！」

瑞貴は返事をしなかったが、小さな手で晴彦の指を握り返してきた。

まだ生きてるんだ。晴彦はなんとか助けたいという一心で瑞貴の唇に口をつけ、人工呼吸をした。すると、瑞貴がぎゅっと舌を噛《か》んできた。

エレベーターが一階に到着したのは、その時だった。男女のカップルが出てきた。自宅に電話を取りに行くより、二人に頼んだ方が早い。晴彦は瑞貴を抱えたまま言った。

「すいません！　携帯電話を貸していただけないですか！」

カップルは戸惑う。晴彦は構わずにつづけた。

「この子が怪我をしているんです！　一一〇番してください。お願いします！」

一一九番ではなく、一一〇番という言葉が口をついて出たのは、恋に落とされたと確信していたからだ。カップルはその場で一一〇番通報した。

パトカーがマンションに到着したのは、七分後のことだった。つづいて救急車も駆けつけた。

瑞貴は、大学病院へと搬送されたが、すでに手遅れだった。医師が死亡を確認したのは、午前零時十二分だった。

事件後、警察は晴彦の証言を受けて恋の身柄を拘束した。事情聴取で恋が殺害そのものを否定したため、警察はクリスマスパーティーでの一件を殺人未遂として逮捕した上で取り調べを進めたのだ。

翌年一月からは責任能力を調べるために鑑定留置（被疑者を精神鑑定するために病院等に留置すること）が行われたが、その間も恋は頑なに容疑を否認し、「瑞貴が勝手に窓から落ちただけ」と言い張った。そんな彼女がようやく事実を認める供述をしたのは、四月に鑑定留置が終わって殺人未遂で起訴された後だった。

恋は次のように述べた。

「子供が好きじゃなかった。育児で疲れて精神科に通うほどだったので、いない方がいいと思っていた。それに、夫の気持ちが息子に向いているのが許せなかった。それで瑞貴が邪魔になって窓から転落死させた」

瑞貴は自分から自由な時間と夫の愛情を奪う存在でしかなく、それを消し去るために窓から投げ落としたと認めたのだ。

六月に入って殺人罪でも起訴され、再びメディアによって大きく報じられた時、ネットのコメント欄には恋のあまりに身勝手な行動に怒りの声が溢《あふ》れた。その大半が、恋を悪鬼同然の女性であるとして、事件は絶対に許しがたいとするものだった。精神を病んでいたことを差し引いても、世間の反応は当然だろう。

一方、公判で弁護側が明らかにしようとしたのは、恋が抱える心の闇だった。単に病気の女性が起こした犯罪と見なすのではなく、彼女の生い立ちをたどることで、心が蝕《むしば》まれた経緯に目を向けることが重要であり、それが事件の本質だとしたのだ。弁護士の主張と取材から見えてきた恋の半生は、たしかに想像を超えるものだった――。

物心ついた時から、恋の家庭には父親も母親もいなかった。恋は親に捨てられた子として育ったのだ。

恋の母親は、愛子《あいこ》といった。愛子は子供の頃から素行が悪く、問題児として知られていた。思春期以降は夜の街に入り浸って親の手に負えなくなり、実家を出てからはＳＭクラブで〝女王様〟として働くようになる。その頃にはもう実家とのやりとりはなくなっていた。

一九八〇年五月、夜の街で働いていた愛子は当時付き合っていた男との間に、長女の恋を出産する。だが、出産後すぐに男に逃げられ、養育費ももらうことができなかった。頼る人がいなかったことから、彼女は生後九カ月の恋を抱きかかえて実家にもどった。

実家に暮らす恋の祖父母は、愛子が唐突に赤ん坊を連れて帰ってきたことに驚きを隠しきれなかった。愛子はきちんとした説明もせず、祖父母に恋の世話を押し付けて、自分は夜遊びをするなどしたい放題だった。さすがに祖父母が堪忍袋《かんにんぶくろ》の緒を切らして注意したところ、愛子は「めんどくさい」とばかりに恋を抱いて実家を出て行った。愛子が再び実家にもどってきたのは、一年ほど経ってからだった。小言を言われるのが嫌で自分で何とかしようとしたものの、育児がうまくいかずに頼ってきたのだ。だが、この時も祖父母とぶつかり、愛子は恋を抱いていなくなった。

祖父が心配して捜し回ったところ、愛子は恋を友人の家に預け、自分は別の男の家に転がり込んでいた。男と同棲《どうせい》するのに、恋が邪魔になって友人に預けたようだ。

祖父はこれでは恋があまりにかわいそうだと思い、その友人に言った。

「愛子が面倒を見ないなら、私たちに恋を引き取らせてくれませんか」

友人は冷たく言い放った。

「私が頼まれて預かっているので、勝手に渡すわけにいきません」

祖父はそれ以上強く言うこともできず、後ろ髪を引かれるような気持ちで立ち去った。

この友人の家で、恋がどのような日々を過ごしていたのかはわからない。おそらく厄介者として邪険に扱われ、愛子が会いに来ることもほとんどなかったのだろう。一歳だったため、恋自身にも記憶がない。

実家を頼って、愛子が三度目にもどってきたのは、さらに一年が経ってからだった。友人からこれ以上恋の世話をできないと言われて突き返されたという。愛子は祖父母に言った。

「私、男の人と別のところに住んでいるの。だから、この子の面倒は見られない。代わりになんとかして」

その言葉にはあきれ返るしかなかったが、断ったところで犠牲になるのは恋だ。それなら自分たちの手で育てた方がいい。

祖父は言った。

「わかった。恋を置いていきなさい。私が世話をするから」

引き取って自分が親代わりになることにしたのである。

この頃のことを祖父は次のように振り返る。

「愛子は恋に対して冷ややかでした。彼女はいつも男を連れていたので、恋のことが邪魔だったんでしょう。恋はかわいそうな子でした。私は、愛子の代わりに愛情をかけて育てようと決めました。恋には父親がいませんでしたから、私が父親になってあげようと、公園や釣りに連れて行ったりしました。よく肩車とか追いかけっこをした記憶があります」

祖父が愛情を注ぐ一方で、愛子が実家に姿を見せるのは一年で数えるほどだった。

恋は自分を育ててくれる祖父母を「パパ」「ママ」と呼ぶ一方で、たまに会う愛子のことは「ネネ」と呼んで距離を置いていた。

恋はこの時期が人生において「すごい幸せ」だったと語る。ただ、彼女は祖父に愛着を抱くものの、祖母にはそうではなかったようだ。彼女の言葉である。

「おじいちゃんの家で生活した時は楽しかったです。おじいちゃんはかっこよくて、優しくて、何でもできました。しゃべり方も丁寧。よくお散歩につれていってくれたり、抱っこしてくれたりして、私の太陽みたいな人でした。

おばあちゃんは庭の手入れをまめにする人で、ごはんをつくってくれたり、学校へ送り出してくれたりしました。でも、甘えることはできませんでした。スナックで働いていてお金にがめつい人で、私にお酒をつくらせて、酔うと人の悪口ばかり言ってきたんです」

後に恋が二十三歳離れた晴彦と結婚し、過剰な愛情を求めた背景には、祖父へのそんな憧憬《しょうけい》があったのかもしれない。

実家での幸福な生活に終止符が打たれたのは、恋が小学三年生の時だった。愛子が実家にやってきて、こう言ったのだ。

「これから恋は私が育てる。だから返して」

恋は知らなかったが、祖母は愛子に「養育費」と称して度々現金を要求したり、高級ブランドの腕時計などを買わせたりしていた。愛子はそれに嫌気が差して、恋を引き取ることにしたのだ。

当時、愛子は風俗店で働きながらアパートで章介《しょうすけ》という恋人と同棲しており、恋はそこで暮らすことになった。章介は〝ヒモ〟を絵に描いたような男で、愛子から小遣いをもらいながら、毎日のようにパチンコ店、競輪場、競馬場に通ってギャンブルに溺《おぼ》れていた。

夜は愛子が仕事でいないため、恋は章介と二人きりになることが多かった。章介は酒癖が悪く、ギャンブルで負けた日は憤懣《ふんまん》を恋にぶつけてきた。恋がテレビの前にいるだけで、「なんで、ここにいるんだ」「クソガキ、ぶっ殺すぞ」と怒鳴りつけ、力いっぱい頭を殴りつけたり、背中を蹴《け》りつけたりする。顔を見るだけで、「ブス！　部屋にこもってろ！」と罵《ののし》った。

恋は章介の暴力について次のように述べる。

「あの人は私のことがとにかく嫌いだったみたいです。リビングですわっているだけで、文句を言われて首を絞められました。首を摑《つか》まれて宙に持ち上げられたこともあります。お酒を飲んでいる最中だと、中身が入っている缶ビールを投げつけられました。いつも部屋に行けと言われていたんで、私のことが目障《めざわ》りだったんだと思います」

この頃から、恋は大きな音を聞くと恐怖で手足が動かなくなったり、全身がガタガタと震えだすようになった。章介の怒鳴り声、壁を蹴りつける音、食器が割れる音が、彼女の心にトラウマとして刻み込まれたのだろう。

やがて章介は恋に対して性的虐待《ぎゃくたい》を行うようになる。そのことを、恋は次のように語る。

「部屋で静かにしていると、あの人がやってきて私の足首を摑んで股《また》を開いて足でいやらしいことをされました。すごく恥ずかしかったです。

また、寝室が同じだったので、私が寝ているそばで、あの人と母がセックスをすることもありました。私が起きているのをわかっててやるんです。

初めの頃、私は二人が何をしているのかわからなくて、母の大きな声が悲鳴のように聞こえました。それでいじめられていると思って、『やめて！』と叫んだんです。でも二人は無視してセックスしていました。

セックスの意味がわかってからは、私は同じ部屋で二人がはじめても黙っていることにしました。眠っているふりをしている時もあれば、黙ってよそを見ているだけのこともありました」

章介と愛子は恋に性行為を見せつけて楽しんでいたようだ。たまに恋を連れてラブホテルへ行き、広いダブルベッドでセックスをはじめた。その間、恋はソファーや浴室で黙って二人の喘《あえ》ぎ声を聞いていなければならなかった。

中学に進学した頃、恋の胸の内では愛子と章介に対する憎しみが爆発寸前まで膨らんでいた。彼女は三歳年上の先輩と交際をはじめると、実家から飛び出して彼の家で寝泊まりするようになった。その家には、彼氏の両親や兄弟も住んでいたというが、家出同然の少女を家に泊めて平然としているくらいなので、普通の家庭ではなかったのだろう。それでも恋にしてみれば、親から逃げられるだけで満足だった。この頃にはすでに万引きをはじめていたものと思われる。

中学卒業後、恋はガソリンスタンド、カラオケのアルバイトを経て、水商売の世界に入った。学歴も、親の支援もない彼女にとって、そこが数少ない稼げる場だったことは想像に難くない。

だがこの時、小学時代からつみ重ねられてきたトラウマは、恋の心をボロボロにし、人格や常識を大きく歪《ゆが》めていた。警察の記録によれば、窃盗《せっとう》癖に加えて、パニック障害、虚言癖もはじまっていたようだ。そうした中で、彼女は二十七歳までに二度離婚し、子供の親権も前夫に渡していた。

そんな彼女がインターネットで出会ったのが、五十歳の晴彦だったのだ。晴彦は恋の過去をほとんど知らなかったが、一緒に暮らしはじめて心の闇に気がついた。落ち度があったとすれば、その時点できちんと彼女の抱えている問題を直視せず、なんとかなると高をくくっていたことだ。

恋の心は、晴彦が考えていたよりはるかに壊れていた。そして自分を傷つけつづけた母親の愛子の死を知ったことで、緊張の糸が切れたかのように一気に精神が崩壊していった。解離性障害や記憶障害が重症化した時には、もはや自分をコントロールする術《すべ》を失っていたはずだ。そんな彼女が心のバランスを完全になくしている中で引き起こしたのが、今回の事件だったのである。

公判において、弁護側の証人として出廷した女性医師も、恋の異常行動には幼少期の虐待が深くかかわっていると主張した。精神鑑定では、これまで述べた精神疾患に加えて、次のような問題があるとされた。

・軽度の知的能力障害（ＩＱ60）
・適応障害

・混合性のパーソナリティー障害

虐待を受けた子供たちが脳に大きなダメージを受け、こうした障害を抱えることになるのは医学的にも証明されているが、どこまでが先天的なもので、どこまでが虐待による後天的なものかまで証明することは困難だ。ただ、恋が自分の子供を愛することができず、夫の愛情を求めるあまり瑞貴を殺害した背景には、幼い頃から背負いつづけた無数のトラウマと病理が関係しているのは確かだ。

公判では、恋の支離滅裂な発言が目立った。彼女は一旦は殺人を認めていたにもかかわらず、突然「窓から（瑞貴を）落としていません」と言ったり、「反省しているのは（瑞貴の）首を絞めたことだけです」と言ったりした。嘘《うそ》をついているというより、その時々でまったく違う事実が彼女の頭に浮かんでいるようだった。

裁判に証人として出廷した晴彦は、こう言い捨てた。

「私自身、息子を守ってやれなかったのが無念です。遺骨は納骨せずに持っています。（落としたことを恋が否定している以上）このままでは瑞貴も成仏《じょうぶつ》できません。事件の真相を明らかにしてほしいと思います。私は木村恋を憎んでいます。厳しい処分を望みます。木村恋は私にかかわらないでほしいです」

もはや恋は憎しみの対象でしかなくなっていたのだろう。

裁判長は判決を下すにあたって、恋が精神疾患を抱えていたことは認めつつ、大幅な責任軽減の理由はないと判断。そして次の判決を下した。

――懲役十一年（求刑・懲役十五年）。

7 母は、妹と弟を殺した〈加害者家族〉

親族間における殺人事件には、一つの特徴がある。家族全員が「加害者家族」にも、「被害者家族」にもなるという点だ。

たとえば、母親が自分の長女を殺害する事件が起きたとする。すると、その夫、両親、きょうだい、それに生き残った他の子供たちは加害者家族になると同時に、被害者家族にもなる。一つの事件によって、親族は二つの重い十字架を背負うのだ。

こうした人々の大半は、事件については口を固く閉ざし、人目をはばかってひっそりと暮らしている。肉親が肉親を殺したとあれば、損害賠償を請求するわけにもいかないし、知人に怒りや悲しみを吐露するわけにもいかない。どうしようもない鬱屈《うっくつ》とした感情を一人ひとりが抱えて生きていかなければならない。

最終章は、親族間殺人の関係者たちのその後の人生について述べたい。

一九六六年、北関東の有名な温泉からほど近い小さな町で、岡垣弓子《おかがきゆみこ》（仮名。以下同）は産声《うぶごえ》を上げた。後に殺人事件を引き起こすことになる女性だ。

弓子は三人姉妹の次女だったが、血縁関係が少々複雑だった。父親の源一郎《げんいちろう》と母親の花代《はなよ》は再婚同士であり、長女の陽子《ようこ》と弓子は花代の前の夫との子。弓子の三歳下で三女の郁子《いくこ》だけが二人の間に生まれた子供だった。そのことは、両親の方針で娘たちが成長するまで伏せられていた。

三姉妹の中で弓子は、もっとも落ち着きがない性格だったという。幼少期から身勝手な言動が目立ち、小学校に上がった後は粗暴さが顕著になり、しょっちゅう家族や友人と衝突した。学校の内外でトラブルを起こして親が呼び出されることもしばしばだった。親族の話では、今なら何かしらの障害と診断されるであろうレベルだったという。

父親の源一郎は、血がつながっていないせいか、弓子に対してはほとんど口出ししなかった。その分、弓子の教育や後始末は母親の役割だったが、成長するにつれて手に負えないようになった。どんなに言葉で注意しても聞こうとせず、家でも学校でもトラブルを起こす。母親は毎日のようにあちらこちらを回って謝罪していた。

両親と娘たちの関係に深い亀裂《きれつ》が入ったのは、弓子が中学に上がって間もなくだった。両親が長女の陽子と弓子に、これまで秘密にしてきた血縁関係を明かしたのだ。

「あなたたちは、お母さんが最初に結婚した男の人との間にできた子供なの。だから、今のお父さんとは血のつながりがないのよ」

中学生になれば、理解を示してくれると思ったのかもしれない。

だが、思春期の娘たちにとって、それを聞かされたショックは相当なものだった。陽子は両親と不和になり、高校進学と同時に家を出て祖母の家で暮らしはじめた。弓子の方は不登校になり、中学卒業後は家を出て、温泉旅館で住み込みの仕事に就いた。その温泉は全国的にも知られた観光地であった上に、八〇年代の景気の良い時代だったこともあって、多くの観光客でにぎわっていた。弓子は、旅館の受付の仕事を任された。

だが、ここでも弓子は頻繁に問題を起こして警察の厄介になる。彼女には以前から物を盗む癖があり、補導歴が何度かあった。旅館に就職してからも、売店の棚に並んでいる商品を平気で持ち去ったことが発覚した。両親は警察から連絡を受ける度に、温泉街まで出かけて行って平謝りしなければならなかった。

しばらくして弓子はコンパニオンの仕事に移った。旅館の宴会に呼ばれ、お酌をしたり、一緒に飲んだりして話をするのだ。十代だったこともあって、客からの人気は高く、引っ張りだこだったようだ。彼女は未成年だったものの当時からアルコールに強く、毎晩夜明けまで飲みつづけても翌朝にはケロッとしていた。

夜の仕事をする中で、弓子のもとには大勢の男性が言い寄ってきた。彼女はその中の数人と関係を持ったようだが、男女関係のトラブルも絶えなかった。恋愛体質な上に、相手に多大な愛情を求めるため、ちょっとしたことで嫉妬《しっと》して相手を試す行動をとったり、突っ掛かったりする。

周りがもっとも振り回されたのが、彼女が感情的になって行う自殺未遂だった。恋人と口論になる度に、頭のネジが飛んだように大声で騒ぎ立て、知人という知人に「もう死ぬ！」と言って回る。実家の両親もしょっちゅうそれに巻き込まれた。

当時中学生だった三女の郁子は言う。

「家を出て行ってから、弓子は一年に何度も自殺未遂を起こしていました。ほとんど男が原因です。唐突に両親のもとに電話をかけてきて『私、今から飛び降りるから！』とか『家で手首を切ろうとしているところなの』なんて言ってくる。『家中にガスが充満していて具合が悪い』と訴えてくることもありました。その度に、両親は車で駆けつけていました。

弓子を一言で表せば、ものすごく精神的に弱くて不安定な人なんだと思います。男性とうまく付き合えないくせに簡単に関係を持つ。それで思い通りにいかないと自殺をほのめかして周囲を巻き込んで騒ぐ。両親はまったく姉を理解できなかったと思いますよ。何考えているのかわからない。だから、ずっとふり回されていました」

当時は十六、七歳ということもあって、両親にしても見放して切り捨てることができなかったのだろう。

夜の仕事にどっぷりとつかっていた十七歳の時、弓子は付き合っている男との間に子供ができたことに気がつく。相手は、同じ温泉の旅館で働く三十二歳の男性だった。弓子は入籍と同時に実家で暮らすことを決めた。実家からその旅館までは車で三十分ほど。自分は出産の準備をし、夫には実家から旅館まで通勤してもらうつもりだった。

この頃、実家には両親の源一郎と花代、三女の郁子が住んでいた。三人ともいきなり弓子が夫を連れてもどってきたことに驚いたが、追い返すわけにもいかずに同居を認めた。

実家にもどってからも、弓子の気性の激しさは相変わらずで、夫とも連日のようにぶつかった。ある日、激しい口論をきっかけに、弓子はこう言った。

「この家から出ていけ！　離婚して二度と会わない。子供は私が育てるから消えろ！」

そして怒りに任せて夫を追い出してしまったのだ。

両親がなだめるのも聞かず、弓子はそのまま離婚し、一九八三年に一人で娘を出産した。こうして生まれたのが瞳《ひとみ》だった。

産後も、弓子には母親としての自覚が微《み》塵《じん》もなかったようだ。退院するなり、「子育てにお金がかかるから仕事をしなきゃ」と言って瞳の世話を両親に押しつけ、温泉でのコンパニオンの仕事に復帰した。両親が夜の間だけならと面倒をみていると、調子に乗って家に帰らなくなった。いつの間にか知り合いの男性にアパートを借りてもらい、そこで暮らしだした。

驚くのは、弓子の図々《ずうずう》しさだ。彼女は生活費も一切払わないのに、突然ふらっと実家にやってきては夕食を食べて、「じゃ、またね」と瞳を置いて一人で帰って行く。そんなことをくり返す娘に、花代は何度も釘《くぎ》を刺した。

「あんた母親なんだよ。瞳をどうするつもりなんだ。ちゃんと自覚を持って育てなさい」

弓子は悪びれるわけでもなく、逆に「私だって働いているんだよ！」と怒りだす始末だった。

そんなある日、弓子が花代にいつものように注意され、珍しく瞳を連れて外へ出て行ったことがあった。花代は、ようやく育てる気になったのだろう、と思った。だが、何日か経《た》って弓子が実家にやってきた時、瞳の姿がなかった。どうしたのかと尋ねると、弓子は面倒くさそうに言った。

「あの子は乳児院にいるよ。私じゃ育てられないから、預けることにしたの」

瞳は三カ月の首がすわるかどうかといった月齢だ。そんな子をよりによって施設に入れるなんて。

花代が乳児院へ駆けつけたところ、瞳は他の赤ん坊から風疹《ふうしん》をうつされて発疹に苦しんでいた（後にこれが原因で視力が弱まる）。花代は、瞳があまりに不憫《ふびん》になり、家に連れもどした。

何を考えているかわからない弓子に代わって、花代が再び瞳を育てることになった。郁子によれば、数週間後、家に一通の見慣れない書類が届いたという。裁判所からだった。何だろうと不思議に思って開封してみる。中から出てきたのは、なんと訴状だった。そこには、弓子が娘を奪われたとして自分たち両親を民事訴訟で訴えた旨《むね》が記されていた。

開いた口がふさがらなかった。弓子が母親としての責任を果たさないから、自分たちが乳児院から瞳を連れもどして面倒を見ているというのに、どうして訴えられなければならないのか。きっと夜の街の仲間から悪知恵を吹き込まれ、金欲しさにやったに違いない。

恩を仇《あだ》で返す弓子のやり方に怒りを感じたが、まずは告訴を取り下げてもらわなければならない。花代は感情を押し殺して弓子と話し合い、自分たちが瞳を育てる代わりに、告訴を取り下げるよう求めた。

郁子は言う。

「両親は弓子に振り回されてばかりでした。本心では勘当したかったのかもしれませんが、孫の瞳がいるからそういうわけにもいかなかった。ただ、弓子が育児をするつもりがないのも明らか。それなら、自分たちが親になって瞳の世話をすることで、弓子に振り回されないようにしようと考えたのかもしれません。このままだと瞳がとんでもないことになるのは明らかだったので、私も中学生ながら、できるならそっちの方がいいと感じていましたし、必要なことは手伝うつもりでした」

こうして花代は弓子の代わりに、瞳を育てていくことを決めたのである。

花代は、自分の時間を捨ててすべてを瞳の育児に費やした。経済的にも乳児を一から育てるのは大変だったが、これもしがない娘を産んだ親の責任だと考えて現実を受け入れるしかなかった。

弓子は両親のそんな苦労などどこ吹く風といった様子で、コンパニオンとして夜の街での生活を謳歌《おうか》していた。精神面でもまったく成長は見られず、店にあるものを万引きする、同僚とぶつかる、色恋沙汰《ざた》で自殺未遂を起こすといったことを性懲《しょうこ》りもなくくり返す。花代は瞳に悪影響が及ぶのを避けるために、瞳を弓子からなるべく遠ざけるようにしていたという。

ある日、花代の懸念《けねん》が現実のものとなる。その日、弓子は付き合っていた男と別れ話になったことでパニックになって、実家に駆け込んできた。花代は毎度のことなので辟易《へきえき》し、早く帰るように促した。弓子はそのことに逆上し、三歳になっていた瞳を抱きかかえて家を飛び出した。

花代は、一体どこへ瞳を連れていったのかと心配になった。数時間後、ようやく弓子から電話があった。彼女は泣きじゃくって言った。

「もう生きていてもしょうがない！　今から、瞳と一緒に死ぬ！」

心中すると言い出したのだ。花代は動転して言った。

「ちょ、ちょっと待ちなさい。今どこにいるの！」

「関係ないでしょ。もう死ぬ！　自殺するから！」

「やめなさい。なんで瞳を巻き込むの。関係ないでしょ。どこにいるのか教えなさい」

何度訊《き》いても、弓子は居場所を言おうとはしなかった。ただ、会話の中身から、山中の公衆電話から掛けているらしいことがわかった。これまでも、弓子はある山で何度か自殺未遂を図ったことがあった。きっと今回も同じ場所だろう。一か八か、車で捜しに行ってみることにした。

山中のめぼしい場所を回ってみたところ、予想通り弓子の車が停車しているのを見つけた。車中には瞳もいた。間一髪のところで、母子心中を防ぐことができたのである。

この一件によって、花代は医療機関で弓子に治療を受けさせる決意を固める。前々から弓子の異常な言動はなんらかの精神的な病気によるものではないかと疑っていたし、これ以上放置すれば同じことが起きないとも限らない。本人は嫌がるだろうが、無理やりにでも精神病院で治療をさせなければならない。

花代は夫や医師と口裏を合わせて弓子を病院へ連れて行き、そのまま強引に入院させた。弓子にしてみれば、罠《わな》にかけられて精神科病棟の病室に閉じ込められたようなものだ。

精神科病棟で、弓子は寝間着に着替えさせられ、大量の薬を投与された。病棟の扉には鍵《かぎ》がかけられていて自由に出入りすることができなかった。起床時間から食事の時間、入浴時間まで事細かにスケジュールが決められ、患者からの要望はほとんど受け入れてもらえない。同じ病棟には奇声を上げて騒いだり、妄想に慄《おのの》いたりする重症の患者がたくさんいた。

何日かして、弓子は実家に電話を掛けて助けを求めるようになった。彼女は電話口でさめざめと泣いて言った。

「病院での生活がつらい。おとなしくするから退院させてください。もう自殺もしません。騒ぎも起こしません。絶対に約束します。どうかお願いします」

花代は聞いているうちに、入院を無理強いしたことに罪悪感を覚えた。さすがにやりすぎだったかもしれない。

家族で集まり、対応を検討することになった。花代は言った。

「弓子があれだけ助けを求めているんだから、退院させてあげようか。本当につらいんじゃないかな。うちで引き取って外来で治療を受けさせれば良くなると思う」

他の者たちは、花代の熱弁に押され、渋々認めることにした。こうして弓子の退院が決まったのである。

だが、弓子の方が狡猾《こうかつ》さでは一枚も二枚も上だった。病院から出た途端、彼女は暴言を吐き散らして、温泉街のアパートへもどってしまったのだ。退院したいばかりに猫を被《かぶ》っていたのだろう。

さらに弓子は民事訴訟という形で復讐《ふくしゅう》に打って出た。今度は、自分をだまし討ちにして病院に強制入院させたということで両親を訴えたのだ。花代も源一郎も、弓子に同情した自分たちの甘さを悔いるしかなかった。

三女の郁子は言う。

「心中未遂と訴訟の件があってから、両親は弓子を徹底的に警戒するようになりました。それまでは家族として『弓子が苦しんでいるなら助けてあげたい』とか『できることなら弓子に瞳を育ててもらいたい』という気持ちがあったと思います。でも、心中未遂と訴訟によって、いかに弓子を遠ざけて自分たちや瞳を守るかという考えに切り替わりました」

弓子を警戒すればするほど、花代の中で「母親」として瞳を守る気持ちが大きくなっていった。いつしか瞳はそんな花代を「ママ」と呼ぶようになった。

花代や源一郎の下で、瞳はすくすくと元気に育っていった。花代は人一倍愛情を注いでかわいがり、運動会や学芸会にはすべて出席し、家計を切りつめてかわいらしい洋服を着せた。家庭の事情を知る近隣住民の間でも、「明るくていい子」と評判だったのは、そうしたことがあったからだろう。

弓子は精神病院の一件でしばらく音信を絶っていたが、いつしかまた何事もなかったかのようにふらっと実家に遊びにやってくるようになった。瞳はこの頃にはすでに弓子が生みの親であることを教えられていたが、たまにやってきてはプレゼントをくれる親戚《しんせき》のような存在でしかなかった。母親という意識もなく、花代と区別して「弓子ママ」と呼んでいた。

瞳は小学校に上がるか上がらないかのうちはそれなりに弓子に懐《なつ》いていたが、それ以降は彼女の言動の異様さに気がつき、警戒心を膨らませていった。嫌な記憶として残っているのが、何度か弓子にアパートへ連れて行かれた時のことだ。そこでお菓子やご飯を出されるのだが、弓子は極度の潔癖症でご飯どころか、髪の毛一本、糸屑《いとくず》一つ落としただけで顔を真っ赤にして激高して怒鳴り散らし、頭や背中を力いっぱい叩《たた》いてきた。

中でも理不尽だと思ったのは、アパートで弓子とともに学校の宿題をしていた時である。字を書き間違えたので、消しゴムで消したところ、弓子が「消しゴムのカスを散らかすな！」と大声を出して何度も何度も殴りつけてきたのだ。

小学校の中学年くらいになってからは、弓子が自殺未遂をくり返していることも知った。家に電話を掛けてきて、「もうダメだ、死んでやる！」とか、「これからガスで自殺する！」と叫んで、時には実行に移す。その度に、花代や源一郎が振り回されるのを見て、瞳は弓子に対してこんなふうに思うようになった。

――この人は普通の人とは違うんだ。

小学五年生くらいの時には、弓子が家に来ても顔を出さずに別の部屋に閉じこもったり、用もないのに外へ出かけたりするようになった。近づいてもろくなことはないという勘が働くようになっていたのである。

そんなある日、弓子が家にやってきて、瞳を呼び出してこう言った。

「あのね、私、再婚するの」

「そうなんだ……」

「大野《おおの》春樹《はるき》さんって知ってるでしょ。相手はあの人」

弓子の家と大野家とは家族ぐるみの古い付き合いだった。以前、花代が働いていた清掃会社の同僚が、春樹の母親だったのだ。

春樹は大野家の養子であり、一人息子だった。学生時代から新聞配達のアルバイトをしていた苦労人で、五歳上の弓子とも親しくしていた。弓子が温泉街で働くようになってからは関係が途切れていたが、たまたまガソリンスタンドで再会したのが切っ掛けで会うようになり、いつしか男女の関係になっていた。そうした流れの中で再婚を決めたのだという。

弓子は言った。

「私たちが再婚したら、瞳も一緒に暮らすでしょ」

「え？　なんで？」

「だって、あなたは春樹の子供になるんだよ。家族だから暮らすのは当たり前じゃない」

戸籍の上では、瞳は弓子の娘だった。したがって、弓子が再婚すれば、大野家の子供ということになる。

瞳は「なぜ今更」と激しい抵抗感を抱いた。

「今のままがいい。私はママ（花代）とここにいたい」

「なんでよ。大野家の娘になるのにバラバラだったらおかしいじゃない」

「嫌だ。私、どこにも行きたくない。ここで暮らす」

瞳の意志は固かった。花代が見るに見かねて家族会議を開き、今後のことを相談した。瞳を弓子と春樹の籍から外すには、別の籍に入れなければならない。だが、花代と源一郎の養子にすれば弓子と姉妹の関係になってしまうし、瞳にとって姉のような存在だった郁子は結婚して別に所帯を持っていた。

話し合いに同席していた長女の陽子が言った。

「じゃあ、私の籍に入る？」

陽子は独身だった。彼女はつづけた。

「私、弓子が次々に男を変えて自殺未遂するのを見て、結婚する気持ちを捨てたの。これから先、結婚をするつもりもなければ、子供もほしいと思わない。だから、私の籍に養子として入れてもいいよ」

前々から陽子は結婚しないと宣言していたし、花代たちもそれを受け入れていた。だからこそ、陽子の言葉は嬉しかった。

「いいの？」と瞳は言った。

「もちろんだよ。私の籍に入って、この家でずっと暮らせばいいじゃん。それなら、これまでと何一つ変わらない暮らしができるよ」

「うん、わかった。そうする」

こうして瞳は陽子の養子となったのである。

弓子も最終的にはそれを受け入れ、春樹の実家で新婚生活をスタートさせた。春樹は大手自動車会社に勤めていて経済的に安定していたので、弓子はコンパニオンの仕事を辞めて地元でパートをすることにした。

一年も経たないうちに、二人の間には紗奈《さな》という娘が生まれた。大野家にとって初孫だったため、喜びは格別だった。華やかなお祝いが催され、花代や源一郎も招かれた。

そんな祝賀ムードの中で、瞳の心だけは冷めていた。なんで自分のことは簡単に捨てたくせに、今になって妹の紗奈だけは育てようとするのか。納得がいかなかった。

小学六年の終わり、瞳にとって生活環境が大きく変わる出来事が起こる。ある日、花代が何の前触れもなく倒れ、病院に担《かつ》ぎ込まれたのである。心臓の病気が原因であることがわかった時には、もはや手遅れの状態だった。花代はそのまま回復することなく、帰らぬ人となった。

葬儀が終わった後、瞳は胸に大きな穴が開いたような喪失感で何も考えられなくなった。彼女にとって花代は「母親」であり、ずっと最大の理解者であって心の支えだった。それを突如として失ったことで、特殊な環境の家の中でどういう立ち位置で生きていけばいいのかわからなくなったのだ。

中学に進学しても、瞳は心の整理をつけられなかった。自分だけが弓子から捨てられたという孤独。血のつながりのない祖父に養ってもらっている後ろめたさ。考えれば考えるほど、自分が迷惑な存在に思えてくる。

瞳は不登校がちになり、寂しさを紛らわすために不良と呼ばれている人たちと付き合うようになった。同じような境遇の仲間たちと公園やコンビニで深夜までつるむことで、孤独を忘れ去ろうとしたのだ。

彼女は当時を振り返る。

「あの頃は、どこにいても一人ぼっちなんだっていう気がしていました。私にとって祖母の代わりになれる人はいませんでした。家にも学校にも、きちんと向き合ってくれる大人がいないように思えた。だからちょっと道を外れたような子たちと一緒にいることで安心したかったんです」

弓子はそんな瞳の胸中を推し量ることもしなかった。彼女にしてみれば、瞳は自分の籍から抜け、姉の養子になった「裏切者」だった。

中学一年のある日、瞳は弓子のそんな冷酷な考えを目《ま》の当《あ》たりにしたことがあった。

その頃、瞳は体を壊して近所の病院に入院していた。たまたま同じ病院に、弓子と春樹の娘である紗奈が入院していた。瞳は妹を見て愛情が膨らみ、治療の合間を縫って病室へ会いに行った。

病室には、面会にやってきた弓子の姿があった。まだ一歳だったので、身の回りの世話をしなくてはならなかったのだ。瞳は弓子に会えば、紗奈を挟んで言葉を交わした。

その日も、瞳は紗奈の病室で弓子と顔を合わせてたわいもない話をしていた。そこに看護師がやってきて、意外そうに言った。

「あら、お二人はお知り合いだったんですか」

姓が違うため、親子だとは思わなかったようだ。弓子は看護師に笑顔で返事をした。

「ええ、親戚の子なんですよ」

この一言は瞳の心をえぐった。なぜ「娘」と言ってくれないのか。そう思われたくないのか。

以来、瞳は弓子に対して何かを期待する気持ちを消し去った。

一方、弓子と春樹は結婚当初こそ仲睦《なかむつ》まじく過ごしていたが、時を経るにつれて険悪な関係になっていった。原因は、家庭内暴力だった。

弓子の気性の激しさはすでに述べた通りだが、春樹も気が短く、簡単に手が出るタイプだった。二人は何でもないようなことにも感情的になってお互いを罵《ののし》り合ったり、物に当たったりする。春樹は怒ると手がつけられなくなるのに、弓子が火に油を注ぐように食って掛かるものだから、あっという間に暴力沙汰になる。時には、弓子が足腰立たなくなるまで殴られることもあった。

暴力のすさまじさを物語る出来事がある。ある日、三女の郁子は弓子が病院に緊急搬送されたと聞かされた。病院のベッドでは、弓子がぐったりして立ち上がれない状態になっていた。

春樹の話によれば、夫婦喧嘩《げんか》の際に弓子が執拗《しつよう》に突っ掛かってきたそうだ。春樹が押さえようとしても激しく抵抗してきたので、殴りつけた上でベッドに倒してロープでぐるぐる巻きにして縛りつけた。その際、あまりにきつく縛ったせいで、弓子の体の血流が止まって気を失ってしまったらしい。

常識的に考えれば、いくら騒いだとはいえ、暴力を振るった末にベッドにロープで縛りつけて身動きを取れなくするなど行きすぎだろう。それに、かなりの時間にわたって放置していなければ、意識が飛んで入院するような事態にはならない。相当な暴力行為が行われていたに違いない。

瞳も春樹の狂暴性に感づいていた。

「何度か会った印象ですが、春樹さんは普段はおとなしいんですが、怒ると怖い感じの人です。それに酒癖がかなり悪かったみたいで、酔ってＤＶ（家庭内暴力）をしていたみたいです。あの方（瞳は弓子を「あの方」と呼ぶ）もお酒を飲むし、酔って態度が悪くなることもあるので、毎晩のようにぶつかっていたんじゃないでしょうか。どっちが悪いっていうわけじゃなく、二人ともが無茶苦茶だったんだと思います」

精神的に未熟な夫婦はお互いを傷つけ合うだけでなく、幼い娘にも危害を加えることがあった。

郁子は、紗奈が弓子や春樹から暴行を受けて怪我《けが》をしている姿を度々目撃した。外で会った時、紗奈の額に大きな青アザができていたり、頬や顎《あご》に裂傷があったりしたのだ。片方のまぶたが青紫色に大きく腫《は》れ、目が開かなくなっていたこともあった。どうしたのかと尋ねても、弓子は遊んでいて転んだだの壁にぶつけただのとしか答えなかったが、暴力による傷であるのは明らかだった。

当時の動揺を、郁子は振り返る。

「夫婦による虐待《ぎゃくたい》があったことは間違いないと思います。二人ともカッとしたら止まらなくなるので、徹底的に殴りつけたりしていたんじゃないでしょうか。痛々しくて見ていられないほどでした。

あの頃、私は結婚していましたけど、子供がいなかったので、夫と話し合って紗奈を引き取ろうという話まで出ました。それで、弓子に『紗奈をうちの子として育てようか』と持ち掛けたんです。しかし、姉には断られました。

その後に殺人事件が起こるとまでは思っていませんでしたが、いつか大変なことになるとは感じていました。ただ、一応は大野さんの実家で暮らしていて、本当に危険な事態になれば、春樹さんのご両親が止めるなり、警察を呼ぶなりしてくれるだろうと期待はしていました」

家庭内暴力が絶えなかったとはいえ、夫婦生活が曲がりなりにも維持できていたのは、両親の目があったからだろう。両親が間に入ることで、暴力を途中で止めたり、病院へ連れて行ったりしていたのだ。

しかし、結婚から三年が経ったある日、そんな家族の生活の形が大きく変わる。弓子たちが春樹の実家を離れて、車で一時間ほどの距離にある、春樹が勤める自動車会社の社宅に移り住むことになったのだ。

引っ越しをした理由は定かではない。いずれにせよ、家を出ることが決まった時、弓子のお腹《なか》には長男の命が宿っていた。

社宅は工場の工員たちも暮らす団地のような巨大な建物だった。六階建ての建物が十数棟並んでおり、独身から家族持ちまで大勢が住んでいる。弓子たちはそのうちの一棟の三階の部屋に入居した。

社宅での新生活は、弓子、春樹、紗奈、そして間もなく生まれた星矢《せいや》の四人暮らしだった。弓子にとって、そこでの生活は思い描いていたほど自由なものではなかった。紗奈は自我が芽生えて言うことを聞かなくなっていたし、乳児の星矢は真夜中もつきっきりで世話をしなければならない。これまで子供の世話をことごとく親や義理の親に押しつけてきた弓子にとって、とてつもない苦労だったはずだ。

弓子は家事や育児に振り回されたことで精神がかき乱されるようになった。やり場のないいら立ちを子供たちにぶつけて暴力を振るい、夜は帰宅した春樹に八つ当たりをする。春樹の方も激高してやり返すため、家の中では怒鳴り声や食器が壊れる音、それに子供たちの泣き叫ぶ声が響きわたる日々がつづいた。

その話を聞いていた郁子は語る。

「弓子が社宅に引っ越したと聞いたのは、ずいぶん後になってからです。うちには何も言わずに引っ越して、星矢が生まれてから事後報告を受けたんです。

聞いた時は、ええっ！　という思いでした。弓子が誰の助けも得ずに子育てができるわけがありません。子供たちに手を上げる、自殺未遂をくり返す、他人を巻き込む……。そうなることが目に見えていました。だから、引っ越して何カ月もたってから聞いた時には、やっていけるわけがないって思ったんです。

ただ、引っ越してしまった以上、私たちにはもう何もできません。社宅に暮らしているなら、きっと春樹さんの同僚が支えてくれるんじゃないか。そう期待するしかありませんでしたが、現実は違っていたようです」

小規模の社宅であれば、住民たちの間にはそれなりに交流があり、助け合うこともあったかもしれない。だが、この社宅では百世帯以上が住んでおり、各家庭はそこまで深い交流はなかった。

そんな密室同然の家庭で行われる暴力は、悪化の一途をたどっていった。幼い子供たちにしてみれば、泣き叫ぶことしかできなかっただろう。だが、その声は誰の耳にも届かず、弓子の怒りを余計に駆り立てることになり、さらなる暴力を生み出した。

そうした混乱の中で、事件は起こるのである。

二〇〇〇年二月の金曜日のことだった。数日前から弓子は精神状態がかなり不安定になっていて「死にたい」という気持ちを膨らませていたようだ。育児、家事、夫婦生活……何もかもがどうしていいかわからなくなり、「自ら命を絶ってすべてを終わりにしたい」という思いに駆られていたのだろう。

この日は祝日だったが、春樹は仕事のシフトが入っていたので、朝いつも通りの時間に出勤した。リビングでは紗奈が一人でポツンとすわっており、別の部屋では星矢が眠っていた。弓子はまた子供に振り回される地獄のような一日が幕を開けるのかと思うと、恐怖で体が震えてくるほどだったようだ。

――もう死のう。それには、この子たちも道連れにしなければ。

後に聞いた話では、弓子の頭に浮かんだ心中への思いはみるみるうちに大きくなっていったそうだ。彼女は部屋にあった夫のネクタイを見つけると、それを手にしてキッチンで手を洗っていた紗奈に忍び寄った。そしていきなり背後から首にネクタイを巻きつけ、力いっぱい絞めた。紗奈は抵抗もできずに床に倒れ込んだ。

それから一、二時間、弓子は紗奈の遺体の前で呆然《ぼうぜん》としていた。寝室で眠っている星矢をまきぞえにすることへのためらいがあったのかもしれない。だが、決心を固めた彼女はネクタイを手に寝室へ入り、星矢の首に巻き付けて絞めた。一歳児の呼吸はあっという間に止まった。

子供二人を殺害した直後、弓子は相当パニックになっていたようだ。彼女はわが子の遺体をかついで駐車場に停めてあった車の後部座席に運び込んだ。そして車に遺体を乗せたまま、運転しはじめた。どこか人目につかないところへ行って、自分も死のうと思ったのだろうが、土地勘がないために、自殺に適した場所がなかなか見つからない。そうこうしているうちに、ここはどこなのか、何を目指しているのか、あるいは自分が何をしたいのかさえわからなくなってきた。

三時間ほど車で町中をぐるぐるとさまよったものの、弓子は自殺をする場所にたどり着くことができなかった。結局のところ、自らの命を絶つだけのつよい意思はなかったのだろう。

午後三時、彼女は車を停め、錯乱した状態で勤務中の夫へ電話を掛けた。彼女は声を震わせてこう言ったという。

「子供たちを殺しちゃった。私も死のうと思っているんだけど、どうしていいかわからない」

「ど、どういうことだ？」

「だから、紗奈と星矢を殺したの！　今、死体を車に乗せてる。私も死にたいんだけど、できない！　どうしよ！」

にわかには信じることができなかった。

「ひとまず家に帰ってきなさい。俺も会社から帰るから、何が起きたのか話そう。先のことはそれからだ」

社宅に弓子がもどってきたのは夕方だった。春樹は、弓子に案内されて車内に横たえられた我が子二人の遺体を確認した。すでに死後硬直がはじまっていた。首にはくっきりとネクタイで絞められた痕《あと》が残っている。

　春樹は頭を抱えたが、気が動転してどうすればいいのか判断ができなかった。彼は一旦《いったん》家族に相談しようと、実家と弓子の親族に連絡をし、事情をつたえた上で急いで社宅に来るよう頼んだ。重い現実を誰かと分かち合わなければ、自分自身がつぶれてしまいそうだったのだろう。

　連絡を受けた双方の親が車で駆けつけたのは、それから一時間ほど経ってからだった。現場にやってきた一人である郁子は語る。

「あの日は地元の冬祭りだったんですよ。町内の人はみんな朝から参加するので、私も午前中から出ていました。午後になって家に寄ったところ、ちょうど春樹さんから電話が掛かってきて、いきなりこう言われました。

『弓子が子供たちを殺してしまいました。今、家にもどってきて二人でいるんですが、どうしていいかわかりません。すぐに来ていただけませんか』

　言葉が出ませんでした。すぐに夫に話して社宅へ車で駆けつけました。連絡を入れた陽子も少し遅れてやってきた。そこですべてを確認したんです」

社宅に着いた後、郁子たちは春樹に連れられて車を見に行った。後部座席には、紗奈と星矢が白い顔をして横たえられていた。死んでいるのは一目瞭然《いちもくりょうぜん》だった。まさかここまでするなんて……。

部屋に上がらせてもらうと、弓子がうなだれて泣いていた。郁子は言った。

「姉さん、なんであんなことしたのよ！」

弓子はむせび泣くだけで答えようとしない。他の人が尋ねても、同じだった。

郁子たちはやり切れない思いだった。気の毒なのは殺された子供たちだろう。

このままでは埒《らち》が明かない。その場にいた者たちは相談し、春樹が弓子の代わりに警察に通報することにした。いつまでも子供たちの亡骸《なきがら》を車に置いておくわけにはいかなかった。

春樹は警察に対して言った。

「妻が子供二人を殺したようです。泣いているだけなので理由はわかりません」

数分後、警察がパトカーで到着。車内にある遺体を確認した上で、弓子を殺人容疑で逮捕した。

事件発生当時、弓子の娘の瞳はどうしていたのだろうか。

この頃、瞳は中学を卒業して地元の理容室で働いていた。中学時代、瞳が複雑な家庭環境から不登校になって不良と付き合いだしたことはすでに述べた。中学三年の進路相談では、担任の教師から高校へ進学するよう勧められたが、成績が悪く出席日数も少なかった上、親族に学費を出してもらうのが心苦しく、就職の道を選んだのだ。

理容室を選んだのは、叔母の郁子から「中卒で働くなら手に職をつけなさい」というアドバイスを受けて紹介されたためだ。日中は店の雑務をし、夜は専門学校に通って理容師の免許取得を目指すことにした。

だが、瞳は仕事や勉強にあまり興味を持てず、中学時代の友達とつるんで専門学校をさぼり、夜遊びに行ってばかりだった。自分でも中途半端《はんぱ》なことをしているとわかっていたが、行動が伴わなかった。

事件が起きたのは、就職一年目の終わりだった。この日は、郁子と同じく地元の冬祭りに理容室の先輩たちと参加していた。陽が落ちてから家に帰ったところ、誰の姿もなく静まり返っていた。しばらくすると、不意に郁子から電話が掛かってきてこう言われた。

「大変なの！　弓子が事件を起こした！」

「事件？」

「弓子が紗奈と星矢を殺しちゃったのよ！」

言葉を失った。ここ一年ほどは弓子と疎遠《そえん》な関係になっていて、たまたま一カ月前に親戚の葬儀で顔を合わせて、社宅へ引っ越したことや星矢が生まれたことを聞かされただけだった。

電話越しに郁子はつづけた。

「今、社宅に弓子がいるんだけど、泣いてばかりで何も言わないの。これから春樹さんに一一〇番してもらうことになる。テレビや新聞で事件がニュースになるかもしれないから、家でじっとしていて」

深刻な事態が起きていることはわかったが、あまりの衝撃で受け止めることができなかった。これからどんなことが起こるのか、自分の将来はどうなってしまうのか。

動揺が激しかったこともあって、瞳はこの連絡を受けた後の記憶が消えてしまっている。次に覚えているのは、事件の三日後に行われた妹弟の葬儀の光景だ。葬儀場に設けられた祭壇には紗奈と星矢の小さな棺《ひつぎ》がそれぞれ置かれており、白い花が飾られていた。遺影の前に参列しているのは、弓子の親族、春樹の親族、それに春樹の勤める会社の同僚たちだった。逮捕された弓子の姿だけがなかった。

僧侶《そうりょ》が低い声で念仏を唱える中、瞳の胸にこみ上げてくるのは「なんで妹弟を助けてあげられなかったのか」という後悔の念だった。自分なら弓子の下で育つことの意味がわかったはずではないか。どうしてそのことから目をそらし、弓子と距離を取りつづけてしまったのか。自分が情けなかった。

読経《どきょう》が終わった後、瞳は棺の中の紗奈と星矢の遺体を見た。司法解剖を受けた傷や、首を絞められた痕がなまなましく残っており、見るに堪えなかった。葬儀社もすべては隠し切れなかったのだろう。かわいらしい笑顔は微塵も残されていない。

春樹がそっと近づいてきてささやいた。

「いろいろとごめんな。殺人者の娘だと思われるのは嫌だと思うので、葬儀の場では弓子の娘だということは伏せておくから」

瞳はその言葉に吐き気を覚えた。きっと会社の人たちに血のつながりのない娘がいるのを知られたくないのだろう。そんなことを心配するくらいなら、紗奈たちを失ったことをもっと悲しんではどうか。

喉元《のどもと》までそんな言葉が出かかったが、瞳は寸前のところで飲み込んだ。ここで文句を言ったところで、紗奈たちが帰ってくるわけではないのだ。そう考え直し、春樹とは連絡を取るのを止《や》めて縁を切ることにした。

裁判が行われたのは、事件から八カ月後のことだった。瞳は裁判に証人として立ったなかったし、傍聴もしなかった。叔母たちも同じだった。事件に対する弓子の言い訳を聞きたくなかった。

公判で裁判長が出した判決は、次の通りだった。

——懲役八年。

瞳が叔母からそれを聞いた時、子供二人の命を奪った罪としてはあまりに短いとしか思えなかった。

裁判が終わると、両家の関係は冷え切ったものとなった。

事件直後、春樹は弓子の出所を待つと言って、子供二人の遺骨を大野家の墓に納めた。だが、しばらくして弓子と生きていく未来を思い描けなくなったらしく、刑務所に離婚届を送った。そして彼は別の女性と再婚し、子供をつくった。

弓子側の家族も、徐々に事件のことを語らなくなった。二児が葬《ほうむ》られているのが大野家の墓だったこともあってお参りを遠慮するようになり、年中行事で集まった時も弓子のことには触れようとしなかった。事件を過去のものとして葬り去り、少しでも早く日常を取りもどしたかったのだ。

しかし、事件当時十六歳だった瞳だけは、周りの大人たちのように割り切って生きていくことができなかった。殺されたのは妹弟であり、姉として守ってあげられなかったという罪の意識に苛《さいな》まれていた。

また、近隣住民からも、弓子の実子として理不尽な厳しい目が向けられているのを感じていた。これまで仲良くしていた人たちが挨拶《あいさつ》をしてくれなくなり、友人たちの一部は音信不通になった。どこからともなく、「殺人者の娘と付き合うな」と言われていることも耳に入ってきた。勤め先の理容室の上司は瞳の立場に理解を示してくれたものの、客がどう考えているのかは別の話だ。客が自分の出自を知って、クレームを言ってくるのではないかと気が気でなく、客の言葉や目線に過敏になり胃が痛くなるほどだった。

彼女はこの頃の心境について語る。

「事件の後は、友人関係も私の将来もすべてが壊れてしまったように思いました。誰も信じられないし、どうすればいいのかもわからない。ずっとこんな状況で生きていかなければならないことに絶望していました。なんで私だけがこんな目に遭わなければならないのかって……。

そんな日々の中で感じたのは、私はあの方について何も知らないということでした。中学に入ってからはほとんど会っていなかったので、あの方がどんな人間であって、何に苦しんで妹と弟を殺さなければならなかったのか、確かなことはわからなかったのです。事件を詳しく知り、悩みを整理するには、あの方と話をしなければならない。そんなふうに考えるようになりました」

こうして、瞳は刑務所に収監されていた弓子に連絡を取るようになる。刑務所の弓子へ手紙を書き、月に一、二度のペースで面会に行った。

彼女の望みは、弓子が事件と向き合い、反省している姿を見ることだった。それなら、弓子に歩み寄ることができるかもしれないし、死んだ妹弟にも顔向けできる。

しかし、文通や面会で接する弓子からは、そうした姿を見出《みいだ》せなかった。弓子は反省の意を示すどころか、事件についてほとんど触れようとしなかったのだ。口をついて出てくるのは刑務所での生活に対する不平不満ばかりで、一日でも早く出所するのを心待ちにしていた。

刑務所に行っている間、二人は百通以上に及ぶ手紙のやり取りをしているが、弓子が書き送ってくるのは、主に以下のような内容だった。

・刑務所から配られる食事や衣服が自分に合わない。
・ご先祖様のお墓参りに行けないのが辛い。

・入浴時間が短いのが不自由だ。
・早く刑務所を出て温泉旅行に出掛けたい。
・別の刑務所にいる男性との文通が楽しい。
・娘（※瞳）に髪をカットしてもらうのを楽しみにしている。
・おしゃべりが楽しいので早く面会に来てほしい。

几帳面《きちょうめん》な字でこうした内容をびっしりと便箋《びんせん》に書き込んできた。

瞳は手紙を見る度に、なぜ、と思わずにいられなかった。刑務所に入っているのは、許されざる罪を犯したからだ。それなのに、なぜ、その罪と正面から向き合おうとしないのか。

瞳は語る。

「あの方が事件についてまったく触れようとしないのが理解できませんでした。事件を忘れてしまったみたいな態度で、口に出す言葉は『早く刑務所から出たい』『また仲良くがんばろうね』みたいなものばかりなんです。『雨にも負けず、風にも負けず』なんて言ってきたこともありました。私としては訳がわからないので、くり返し手紙を送ったり、面会に行ったりする。

やっぱり、あの方は答えない。私の方が辛抱できなくなって尋ねても、無視するか、とぼけるかです。たまに『はぁ、こんなところでそんな話をはじめないでよ！』みたいに怒りだすこともありました。面会でも文通でも、そんな無意味なやり取りだけがだらだらと行われていたんです」

弓子が事件を直視する様子がなかったからこそ、瞳はその姿を必死に探し求めたのだ。

その後も、弓子は自分の過《あやま》ちについては触れないままだった。瞳はそんな母親を前に、意図して話題を避けているというより、本当に忘れてしまったのではないかと思うこともあった。

その理由の一つが、収監中の二〇〇四年に栃木県で幼児殺人事件が起きた時のことだった。この事件は、父親が二人の息子（事件当時三歳と四歳）の子育てに困り、知人宅で同居をはじめたところ、知人男性がその子たちを持て余して虐待をした末に、橋から投げ落として殺害するという残酷なものだった。

弓子は刑務所から瞳に宛《あ》てて送った手紙の中で、この事件について書き綴《つづ》ってきた。おそらくテレビのニュースか、新聞で目にしたのだろう。手紙には、事件が起きたことを嘆き、胸が痛むとか、冥福《めいふく》を祈るばかりだとか書かれていた。さらに、かわいい盛りの無抵抗な幼児に暴力を振るう男性への憤《いきどお》りまで書き綴られていた。

瞳は手紙を一読して、どういうつもりなのだろう、とため息を漏らした。

そもそも弓子自身が無抵抗の幼児を殺害し、周囲に多大な迷惑を掛けた張本人なのだ。にもかかわらず、そのことを棚に上げて、別の事件の犯人を批判し、犠牲となった子供の死を嘆くことができるのはなぜなのか。いくら読み返しても理解することができなかった。


事件から二年が経《た》った。十八歳になっていた瞳は、一人のある男性と知り合う。後に夫となる大助《だいすけ》だ。

この頃、瞳は理容室での収入だけではやっていけず、知人から紹介されたスナックで夜にバイトをしていた。この店に飲みに来ていたのが、当時二十九歳の大助だった。店のママの息子の友達で、しょっちゅう遊びに来ていたのだ。

瞳はすぐに大助と意気投合した。明るい性格で話していて楽しかったし、十一歳年上ということもあって頼りがいがあった。ママの息子に誘われたバーベキューで一緒になってからは、プライベートでも親交を深めた。

やがて二人は交際をはじめた。最初の数カ月、瞳は事件について黙っていたが、好きになればなるほど秘密にしていることが心苦しくなった。将来を考えれば、早い段階で打ち明けておく必要がある。フラれたらそれまでだ。

ある日、瞳は大助を呼び出して言った。

「言っておきたいことがあるの。驚かすことになると思うけど、ごめんね。実は、私の母は、今刑務所に入ってるんだ。私が小学五年生の時に再婚して妹と弟を生んだんだけど、その二人を殺してしまったの……。今は八年間の懲役刑を受けてる。これを聞いて嫌われても仕方ないと思っているけど、大助とちゃんと付き合いたいから話したことはわかってほしい……」

大助はしばらく黙ってから答えた。

「俺は別に大丈夫だよ。瞳が事件を起こしたわけじゃないんだろ。それなら瞳は悪くないじゃん。きっとうちの親もそう考えてくれると思う」

瞳は泣きだしたいほどうれしかった。色眼鏡を通さず、自分のことをまっすぐに見てくれる人がいるんだ、と思った。

それから瞳は刑務所に面会に行く際、大助に車で送ってもらうことになった。バス、電車、タクシーを乗り継いでいけば、片道二時間以上かかる上に交通費も馬鹿《ばか》にならないところを、大助が連れて行ってくれることになったのだ。

瞳は、限られたデートの時間をこんなことに費やしてもらっていることが申し訳なくてならなかった。だが、弓子はまったくそんな胸中を察することもなく、面会では刑務所での生活の不満をたらたらと話し、出所後の希望を語ってばかりだった。

さらに図々しいことに、弓子は瞳に対して生活用品や現金の差し入れをせがむようになった。眼鏡を新しくしたい、クリームを購入したい、配布されるものではなく有料の衣類を身につけたい、甘いお菓子を食べたい……。瞳の親切心につけ込んでいたのだろう。

最初のうち、瞳はどうしても必要なものだと言われたので、渋々「わかった」と求めに応じた。弓子はそれに味をしめたのか、だんだんと悪びれもせずに文通や面会の度に差し入れを要求するようになった。時には事前にリストをつくって、あれもこれもと当たり前のように購入を頼んでくる。瞳の懐《ふところ》具合などまったく気にする様子はなかった。

さすがに瞳もいぶかしむようになったが、その時にはすでに遅かった。弓子の中に、娘に差し入れてもらうのは当たり前という考えが染《し》みついてしまっていたのだ。

瞳は当時の状況を振り返る。

「毎月、あの方には相当なお金をつかわされていました。あの頃、私は理容室とスナックの収入を合わせても十万円くらいしか手取りがなかった。それなのに、毎月一、二回は三十キロ以上離れた刑務所へ面会に通って、日用品の購入に加えて五千円から一万数千円の現金の差し入れをさせられたんです。

このせいで、私は毎月お金に困っていました。今思えば、私がお金を払いつづけたのは、あの方から文通や面会を拒否されるのが怖かったのかもしれません。嫌われたくないというんじゃなく、事件のことも、反省の言葉も聞いていないのに、関係を終わらされたくない。そんな思いがあったから、ずるずると要求を聞き入れてしまったんです」

瞳にとって事件はあまりに大きい出来事であり、切り離して生きていくことができなかったのだ。

恋人の大助は、そんな瞳の思いを否定することなく、無言で支えた。弓子の言動に違和感を覚えてはいたが、瞳には瞳にしかわからない事情があるはずで、そこに他人である自分が介入するべきではないと考えていたのだ。瞳にとって、そんな大助の存在が唯一《ゆいいつ》の支えだった。

瞳が大助と結婚したのは、交際から一年後の十九歳の時だった。家族を持つことに憧《あこが》れを抱いていた彼女にとっては決して早い結婚ではなかった。弓子一人だけが「まだ早い」「もっと自由に過ごした方がいい」と反対していた。それは娘への想《おも》いからというより、彼女の意識が家庭に傾き、自分から離れることを危惧《きぐ》していたからだと思われる。

翌年、二人の間には、長男の晋助《しんすけ》が生まれた。結婚に反対していた弓子は、それを聞くと急に「祖母」として孫をかわいがる素振りを見せはじめた。刑務所に連れてくるよう頼み、面会室でアクリル窓越しに目を細める。送ってもらった写真を手元に置いて毎日見つめ、手紙には毎回のように孫への想いを書いてきた。

瞳はそんな弓子の反応に戸惑い、息子をかわいいと言われることに抵抗を覚えた。自分を捨て、妹弟を殺害した彼女に、孫を愛《いと》おしむ心は本当にあるのだろうか。

瞳は言う。

「何年も刑務所へ面会に行って、手紙のやり取りをしたけど、まったくあの方の心の中が見えてきませんでした。なんで差し入れを頼めるのか、なんで孫をかわいいと言えるのか、なんで出所を楽しみにできるのか。あの方の言葉を聞けば聞くほど、訳がわからないって感じでした。結局、刑務所に入ってから出所するまで、ずっとそういうふうにことが進んでいったんです」

そしてついに弓子は出所の時を迎えることになる。判決は懲役八年だったが、仮釈放がついたことで少し短い刑期で出られることになったのだ。瞳にとっては、それが新たな弓子との関係性の幕開けだった。

刑務所を出た弓子は、実家にもどらずに更生保護施設に入所した。更生保護施設とは、出所後に受け入れ先がない者を短期間住まわせ、社会復帰のサポートをするための施設だ。弓子は、ここで一からスタートすることにしたのだ。

弓子は出所した後も、瞳に連絡を取ってきた。メールで日常のたわいもない話を送ってくることもあれば、電話で不平不満を吐露することもあった。瞳は幼い長男の育児をしながら付き合った。

しばらくして弓子から連絡があり、更生保護施設を出て県内の別の市にあるアパートに引っ越すことになったと教えられた。新しい仕事を見つけ、独り立ちするという。久々に孫の晋助の顔を見たいと言われた。瞳は、更生を期待して弓子と外で会うことにした。

待ち合わせの場所に、弓子は異様なハイテンションでやってきた。手には大きなプレゼントを抱えていた。彼女は晋助に会うと強く抱きしめ、「かわいい」と何度も連発した。晋助の方が困惑するほどだった。

彼女は、おごるからご飯を食べに行こうと誘い、二人を高価な焼き肉店へ連れて行った。日々節約して生きている瞳からすれば、足を踏み入れることのないような店だ。弓子はまだ味などわからない晋助のために高価な肉を次々と注文し、自分は遠慮なく酒を飲みはじめる。瞳はそんな母親の言動を好意的に受け止められなかったが、孫を喜ばせたい一心なのだろうと黙っていた。

二回目も、三回目も、弓子は待ち合わせの場にプレゼントを持ってきて、瞳と晋助に食事をご馳走《ちそう》してくれた。瞳は気前のいい弓子に対してだんだんと猜疑心《さいぎしん》を膨らませていった。いくら独り身だからといって、そこまで経済的な余裕があるものだろうか。第一、そんなに収入があるなら、これまで差し入れしたお金を少しは返してくれてもいいはずだ。

瞳は感情を抑えて尋ねた。

「弓子ママ、いつもありがとう。でも、すごく羽振りがいいね。今どんな仕事してるの？」

「デリヘル（デリバリーヘルス）よ」

あっけらかんとした物言いの返事だった。

「え、風俗で働いているの？」

「風俗嬢じゃなくて、運転手だけどね。お店から車で女の子をホテルや家まで送り届ける仕事」

さらに聞いてみると、弓子はデリバリーヘルスの店長と恋愛関係になり、アパートで同棲《どうせい》をしているという。プレゼント代や食事代はそうしてできた金だったのだ。

瞳は唖《あ》然《ぜん》として言葉が出なかった。あろうことか出所してすぐに風俗店で働き、店長と同棲するなんて……。

その後も、弓子は気分のままに連絡をしてきては、晋助に会わせてくれ、と言ってきた。瞳には抵抗があったが、晋助が毎回たくさんのプレゼントをくれる弓子を「親切なおばあちゃん」として懐《なつ》いていたので、断るわけにもいかなかった。

いろんなところへ行ったが、瞳が弓子のことで特に気になったのは、会う度に服装や持ち物が派手になっていくことだ。ファッションは十代の少女に人気のあるデザインで年相応でなく、首や指にはこれでもかというほどアクセサリーをつけている。バッグやサイフは高級ブランド、化粧は水商売の女性のように派手で、プチ整形でまぶたを二重にし、つけまつ毛までしていた。

瞳は振り返る。

「あの方は四十歳を過ぎていたので、ああいうファッションに身をつつむ姿は異様でした。会うたびにひどくなっていった。おそらくデリヘルの女の子の真似《まね》をしていたのか、同棲していた男の気を引こうとしていたんだと思います。長く刑務所にいた反動もあったのかもしれません。

私が傍で見て感じたのは、あの方は第二の人生を楽しもうとしているということでした。きれいに着飾って、恋愛をして、おいしいものを食べ、孫をかわいがる。そういう願望をかなえようとしていたのでしょう。

私はそんな彼女に戸惑っていましたし、距離を測りかねていました。だって、あんな事件を起こしておいて、そんなふうに生きようとするなんて、人としてありえないじゃないですか。なんていうか、あの方の中で起きていることが信じられなかったんです」

弓子はプライベートで恋愛にのめり込む余り、再び昔のように騒動を起こすようになった。恋人との関係がうまくいかなくなると、半狂乱になって瞳や三女の郁子に連絡をしてくる。

「彼氏が帰ってこない！　絶対浮気しているに違いない！　もう許さない。あいつを殺して、私も死んでやる！」

それは出所前と何一つ変わらぬ弓子の姿だった。

瞳は絶望的な気持ちになった。彼女は刑期を終えても何一つ変わっていないのだ。そう考えると、刑に服し、罪を償ったはずなのに弓子の手が未《いま》だに血で染まっているように見え、食事をしている姿を見ているだけでおぞましく感じた。やがて彼女は、きちんと弓子と事件について話し合わねばと決心した。いつまでも嫌々ながら付き合っていては、息子や夫にも示しがつかない。

瞳は弓子に面と向かって尋ねた。

「これまで濁されていたけど、ちゃんと答えてほしいことがあるの。なんであの事件を起こしたの？　何が原因だったの？　紗奈と星矢に謝る気持ちはあるの？　私たち家族を傷つけたことをどう思っているの？　全部しっかりと説明してほしい」

弓子の顔がこわばったように見えた。彼女はこう言ったという。

「そんなこといいじゃない」

「よくないから訊《き》いてるんだよ」

「知らないわよ」

また、うやむやにするつもりなのだろう。ここでひるむわけにいかない。

「ごまかさないで答えて。事件を起こしたことを、弓子ママはちゃんと悪いと思ってる？」

弓子は頑として事件と向き合うことを拒絶し、こう言い放ったそうだ。

「だからやめて！　あのことは、私の中で終わったことなんだから」

「終わったことって何？」

「私はそのために刑務所に行って、あんなつらい思いをしたのよ。罪はつぐなった。だから、今になってそんな話をしないで！」

「だって私は事件のことを何も聞いてないんだよ」

「私は刑務所にちゃんと行ったの！　それで罪はつぐなったの！　全部これで終わり！」

弓子はこんなふうな言い方をすると、背を向けて離れていってしまった。瞳はそれを見て、自分の中で何かが切れた気がした。

彼女は弓子に対する諦念《ていねん》をこう表現する。

「これを聞いた時、あの方は、もうダメなんだと思いました。人間として壊れているんでしょう。自分のやったことをまるで理解していない。

せめてうちの夫に対しては謝る姿勢を見せてもらいたかったです。夫は、彼女が事件を起こしたことを知った上で私と結婚してくれました。面会へ行くことも、差し入れをすることも、何でも認めてくれた。刑務所であの方が虫歯の治療をして、お菓子を食べ、好きな時に手紙を出すことができたのは、夫のお陰なんです。それすら知らない顔をしている。

子供の頃、私はあの方のことがまったくわからなくて、傍にいるのが怖くなりました。たぶん、それが正しかったんです。だからあの方は事件を起こしたんだし、まっとうに生きられない人なんです。それなのに、私はそうじゃないことを望んでしまった。そのこと自体が間違いだったと認めざるをえなくなったんです」

同じ思いは、郁子も抱えていた。郁子は二十歳の時から十年間連れ添った夫と、弓子の事件がきっかけで離婚することになった。また、長い間、妹という立場で、実家、親戚《しんせき》、大野家との橋渡しの役を担《にな》っていた。だが、弓子は彼女の気持ちを踏みにじるような言動をつづけた。

郁子の言葉である。

「弓子が事件のことを、一度として謝罪しなかったのは事実です。印象的だったのは、刑務所を出たばかりの頃です。事件を起こした後、父は大野家だけでなく関係各所に事件のことを謝罪して回りました。弓子とは血がつながってないのに、戸籍上の父親として謝りつづけたのです。

出所後、私はそのことを弓子に話し、せめて父にだけは事件のことを謝りなさいと言ったんです。そしたら、弓子はこんなふうに声を荒らげました。

『私は刑務所に行ったんだから、（贖罪《しょくざい》は）すべて済んだの！　お父さんに謝る必要なんてない！』

　びっくりしました。なんで恥も外聞もなくそんなことを堂々と言えるんでしょう。何度話をしても、弓子の態度は変わりませんでした。結局、すみませんの一言さえ口にしなかったんです。

　他にもこういうことがありました。弓子と話をしている時、何かの拍子で大野家の話題になって、私が『今でも時々スーパーで大野家のご両親とばったり会うけど、（事件のせいで）顔向けできない』って言ったんです。そしたら、弓子は意味がわからないといった顔をして、『私はできるよ。刑を終えたんだもん』と言ったんです。わかっていたけど、本当におかしいんだと改めて思いましたね。全然違う人間というか……。ついて行けないという思いが確信になりました」

　姉妹の間にもまた、決定的な溝ができていたのである。

　それからも弓子は何食わぬ顔で連絡してくることがあったが、瞳は理由をつけて会うのを避けていた。そんな彼女が完全に関係を絶ち切ったのは、事件から十四年が経った二〇一四年のことだった。

その年、実家で暮らしていた祖父の源一郎が心筋梗塞《しんきんこうそく》で倒れた。すぐに病院に担《かつ》ぎ込まれたものの容態は悪く、心臓のバイパス手術を受けることが決まった。

医師は言った。

「かなり危険な状態です。手術がうまくいっても生きられるかどうかわかりませんので、ご関係者には連絡を取っていただいた方がいいと思います」

瞳や郁子らは医師の説明から、死期が迫っていることを感じた。みんなで手分けして、近しい親族に連絡を入れることにした。そこで問題になったのが、弓子に知らせるかどうかだ。刑務所から出て以来、弓子は源一郎に謝罪することを拒んだため疎遠になっていたが、今回を逃せば永遠に顔を合わせることができなくなる。一同は情けを掛けて呼ぶことにした。

郁子が電話をかけると、弓子はすぐに出た。

「今、病院にいるの。お父さんが心臓の病気で倒れて、かなり危ない状態なの。今すぐこっちに来てあげて」

弓子は声色を変えずに言ったという。

「私、お義父《とう》さんから『来てくれ』って言われてないよ」

「だからお父さんは病気で倒れているって言ったでしょ。電話なんてできないのよ」

「お義父さん本人が『来てください』って言えば行ってあげてもいい。でも、そうじゃないなら行かない」

「何言ってるの？　そんなことできる状態じゃないって話してるでしょ。生きるか死ぬかの状態なんだよ」

「知らないよ。とにかくお義父さんから直接お願いされなければ私は行かないから」

　このように言って電話は切れてしまった。それから間もなく、源一郎は帰らぬ人となった。

　数日後、源一郎の葬儀が営まれることになった。この時も、家族の間では弓子を呼ぶかどうかが議論になった。病院のことがあったし、他の参列者の目もあるので呼ぶべきではないという意見もあったが、最終的には声を掛けることにした。

　葬儀の日、家族は弓子の席を用意したが、待てども待てども彼女はやってこなかった。連絡をしても電話に出ようともしない。これまで散々迷惑を掛けた義父に対して、手を合わせることさえ拒んだのだ。

　葬儀が終わった時、郁子はつぶやいた。

「もうダメ。あの人は自分のことしか考えてない。手に負えない」

瞳も同じ気持ちだった。葬儀には夫の大助やその親族までが参列してくれているのに、娘である弓子は欠席の連絡さえしない。

信じられなかったのは、その数日後のことだった。葬儀に来なかった弓子が連絡をしてきて、遺産の分け前を求めてきたのだ。家を売って得たお金を三姉妹で等分しろという。彼女一人ではそこまで頭が回るはずがない。おそらく恋人か誰かが後ろで糸を引いているのだろう。

瞳の弓子に対する気持ちが完全に切れたのはこの瞬間だった。それまでは何度裏切られても、血のつながった一人きりの親だという思いはあった。だが、源一郎の葬儀に来なかったばかりか、のうのうと遺産の分け前を要求するような人間に期待するものなど何もない。

葬儀からしばらくして、瞳は大助にこう言った。

「もう私からあの方には二度と連絡とらない」

「本当にいいの？」

「これ以上振り回されたくないし、これから成長していく晋助のためにもそうしたほうがいいと思う」

「わかった。そう思うならそうしな」

未練はつゆほどもなかった。ようやく弓子を切り捨て、過去を一人で背負って生きていく覚悟が定まったのだ。

これ以降、瞳は完全に弓子と縁を切り、一度も会っていない。弓子もようやく娘の気持ちを察したのか、連絡をしてくることはなくなった。源一郎の死を契機に、家族の輪の中から弓子一人がついに外れたのだ。

とはいえ、瞳にとって事件が過去のものになったわけではなかった。地元で暮らす人たちの中には事件を記憶している人もおり、何かの拍子で息子の晋助までもが「人殺しの一族」というレッテルを貼《は》られないとも限らない。

瞳がそんな不安を抱くのは、彼女自身が事件から十年以上経っても偏見に苦しんだ体験があるからだ。彼女は、晋助が小学生になってから介護施設で働きはじめた。ある日、職場に一本の電話が掛かってきた。電話の主は、匿名《とくめい》でこう言った。

「おたくで働いている女性職員の中に、瞳って奴《やつ》がいるだろ。彼女は殺人者の娘だぞ。母親が子供を二人も殺したんだ。そんな娘を施設で働かせるのはやめろ。何をしでかすかわかったものじゃない」

おそらく施設の入居者の親族が気づき、嫌がらせをしてきたのだろう。

施設の所長は「君がやったわけじゃないから気にするな」と言ってくれたが、瞳は改めて殺人者の娘であることを突きつけられた気がした。弓子と縁を切って幕引きをしたつもりでも、世間はそれを認めてくれない。死ぬまで事件を背負って生きていかなければならないのだ。

瞳は、これまでのことを振り返って語る。

「事件が起きてから約十五年間、私は自分からあの方に会いに行き、手紙を書き、連絡をとってきました。その間、お金を要求されるとか、彼氏とのトラブルに巻き込まれるといった嫌なことがたくさんあった。ずっと振り回されて、傷つけられてきたように感じます。

なんでもっと早く縁を切らなかったのかって思われますよね。事件が起きた当初からあの方の人間性をわかっていたはずだし、距離を置く理由なんて山ほどあったのに。ただ、ここ数年いろんなことを考える中で、あの方を切れなかった訳がわかってきたんです。

あの方は、事件の責任をまったく感じていませんでした。子供たちを殺《あや》めたことを忘れて、家族にさえ『もう無関係』と言い切った。あまりに殺された子供たちがかわいそうです。

私はあの方のそういう考え方を受け入れられなかったんだと思います。私自身が苦しんでいたし、そんな考えなんてありえないって思っていた。だから、あの方の中に罪をつぐなう気持ちを探そうと躍起になった。

でも、十五年くらいそれを探しつづけたけど、やっぱり無駄だった。祖父の源一郎を失った時の出来事で、それがはっきりしたんです。わずかな期待もなくなった。それでようやく、関係を断ち切る覚悟ができました」

瞳にしてみれば、殺された妹弟が不憫《ふびん》でならなかった。彼らのためにも弓子には生き方を変えてほしかった。瞳は彼らの姉として十五年間それを弓子に求めたが、ついに叶《かな》わないことを知ったのだ。

今、そんな瞳は事件をどう思っているのか。

「あの方と縁を切ったことで自分なりには楽になりましたし、逆に事件に向き合えるようになりました。どうせあの方は妹や弟のことを思い出すことなんてないでしょう。だからこそ、私が毎日思い出してあげればいいと考えられるようになったし、事件以来行くのを避けていた殺害現場の社宅にも足を向ける気になりました。私があの子たちのことを記憶することが供養《くよう》になりますから。

また、以前は育児がうまくいかないと、あの方の娘だからそうなのかもしれないと悩むことがありましたが、今はありません。私とあの方はまったくの別人なんで、血縁なんて関係ない。ひたすら反面教師として生きればいいんだって思っています。絶対に、ああはなってはいけないって。

息子の晋助には、事件のことは話していませんし、これからも話すつもりはありません。あの子には関係のないことですし、余計な重荷を背負わせたくないんです。事件とは完全に別のところで生きていってほしい。もちろん、幼い頃に会った記憶はあるので、あの方のことを思い出すことはあるかもしれません。でも、あの方とは接点を持たせないというのが、私にとっての親心だと思っています」

弓子がどうなったのか、葬儀の時を最後に家族は誰も連絡を取っていないので、その後のことはまったくわからない。

事件から二十年が経ち、息子の晋助が中学を卒業した今、事件が話題に上ることはまずないし、思い出す人も少ないだろう。それでも、瞳自身は事件のことを考えない日はほとんどないという。それが親族間殺人の被害者家族であり、加害者家族でもある者の宿命なのだ。だからこそ、同じような思いを子供に引き継がせないことが自分の役割だと考え、瞳はこの先の人生を生きていくつもりなのだ。

解説

七つの事件について書き終えた今、この本の成り立ちと背景について述べたい。日本で起きている殺人事件（認知件数）は、年間でおおよそ九百件に及ぶ。単純計算して一日に二、三件の殺人事件が起きているのだ。

メディアがこぞって取り上げるのは、無差別殺人、少年犯罪、劇場型犯罪といった過激な殺人事件だ。年に何度かは社会を震撼させる大事件が起き、それが発端となって法律や条例の改正の議論が沸き起こることも珍しくない。

たとえば、一九九七年に起きた「神戸連続児童殺傷事件」は刑事処分可能な年齢を十六歳以上から十四歳以上に引き下げる法改正につながったし、最近では二〇一八年に起きた「目黒区船戸《ふなと》結愛《ゆあ》ちゃん虐待死《ぎゃくたいし》事件」が東京都の児童虐待防止条例の中に保護者による体罰の禁止を盛り込む切っ掛けとなった。社会秩序のあり方は、その時々の殺人事件が羅針盤になっていると言っても過言ではない。

おそらく大方の人が殺人事件と聞いて思い浮かべるのは、こうした凶悪事件ではないかと思う。挙げてみれば、記憶している人も多いだろう。

秋葉原の歩行者天国に2トントラックで突っ込んで通行人を撥《は》ねた後、その場にいた人たちを次々とナイフで刺して、死者七人、重軽傷者十人を出した「秋葉原通り魔事件」。

木《き》嶋《じま》佳《か》苗《なえ》という三十代の女性が、四十代から八十代の男性たちに近づき、結婚などを持ち掛けて金をだまし取り、殺害するなどした「首都圏連続不審死事件」。

川崎に暮らす十七〜十八歳の少年三人が中学一年生の少年を多摩川の河川敷へ連れて行き、カッターナイフで切りつけて殺害した「川崎中一男子生徒殺害事件」。

神奈川県相模原《さがみはら》市の障害者施設・津久井《つくい》やまゆり園に乗り込み、「障害者は生きる価値がない」と言って入所者十九名を刺殺した「相模原障害者施設殺傷事件」。

ＳＮＳ等で自殺願望のある女性を探し、「自殺の手伝いをする」と言って神奈川県座間市のアパートに誘い出し、男女九人を殺害した「座間九人殺害事件」……。

どの事件も発生直後からメディアが連日連夜大々的に取り上げ、犯人の異常性や事件の凄惨《せいさん》さをくり返しつたえた。むごたらしい内容であればあるほど、人々の関心は膨らみ、議論を呼び、テレビの視聴率や雑誌の売り上げは跳ね上がる。私自身も、こうした有名な事件を取材し、ルポルタージュとして世に出したこともある。

その一方で、私は常々、メディアが好んで取り上げる有名事件がかならずしも日本で起きている殺人事件の特徴を表しているわけではないという思いを抱いてきた。殺人事件の半分以上は、親族間で起きているものであり、大部分が詳細を報じられていない。だとしたら、本来はこうした事件にこそ光を当てて、その背景に何があるのかを考えなければならないのではないか。

本書の取材をはじめたのは、そんな思いからだった。親族間で起きている殺人事件を「近親殺人」と名付け、二〇一五年からあしかけ六年、主に首都圏で起きた事件を徹底的に追っていくことに決めた。そして取材結果を事件ルポとして、月刊誌「ＥＸ大衆」（二〇一六年五月号〜二〇二〇年七月号）に連載したのである。

取材方法に関しては、それぞれの事件の公判の傍聴が軸になっている。事件関係者の証言は、被告人質問や証人尋問で出てきた発言に基づいており、ＳＮＳやメールの記録、死体検案の内容、各種時系列については公判の証拠調べ手続で提出されたものだ。また、公判で明らかになった事実関係では足りないところや、裏付けが必要なところは、関係者へのインタビューなど独自取材を行った。

最後の「７　加害者家族」だけは、約二十年前の事件であるがゆえに公判の傍聴ではなく、家族や関係者へのインタビューを軸として事件を忠実に追ってみた。連載においては取材したものの中から十二件を選び出して描いた。さらに、本書においてはそこから七件に絞って掲載している。選別の基準は事件と社会情勢の結びつきの深さだ。加害者の病理が主とされるものや、背景の問題が重複する事件については除外した。

これらの事件の背景にある問題点について、それぞれ述べておきたい。

1　介護放棄

二〇一九年三月末の時点で、国内にいる要介護・要支援認定者数は合計六百五十八万人に及び、その多くが高齢者である（要支援者は、要介護になる可能性のある人）。日本では世界でも類を見ないほどの少子高齢化が起きており、今後も要介護・要支援認定者が増えていくと予想されている。二〇三〇年には日本国民の二割を七十五歳以上の後期高齢者が占めることになると推測されていて、現役世代三人で一人の後期高齢者の生活を支える計算だ。

高齢者が要介護・要支援の状態になれば、そのケアに当たるのは主に家族の役割だ。福祉制度や介護事業者をうまく利用する家族もいれば、配偶者や子供や孫が手分けして行う家族もいる。適切な介護ができるかどうかは、家族の能力によるところが大きい。

本件の場合、マンションで母子三人が同居し、娘二人は独身で時間的な余裕もある程度あった。母親も娘たちに支援を声に出して求めていた。その面だけ見れば、介護環境としては比較的恵まれていたと言えるかもしれない。

そんな家庭で事件が起きた背景には、母親と長女の十年以上にわたる確執が大きく影響している。長女は母親への憎しみから一切の世話をしようとせず、次女がすべてを担《にな》うことになった。これでは一対一の介護と同じであり、次女にかかる負担は多大だ。

次女が自分一人での介護が難しいと判断した時点で第三者に助けを求めれば、事件を回避できたかもしれない。だが、次女はそれをせず、長女と母親の悪口を言い合って鬱憤《うっぷん》を晴らしているうちに、母親自身にも悪態をつくようになった。そして適切な介護をしなくなったのである。

一見ごく普通の家庭の、親子関係の悪化から引き起こされた凄惨な事件。それをひもとくには介護ストレスの問題だけでなく、家族がたどってきた道のりに注目する必要がある。家族が抱えていた確執が介護問題と合わさった時、当事者たちですら想像もしえなかったような事態に陥ることがある。娘二人に母親を殺すほどの憎悪《ぞうお》があったわけでもないのに、こうした事件が発生してしまうところに恐ろしさがあると言えるだろう。

2　引きこもり

日本では、百万人を超す引きこもりがいるとされている。内閣府の調査によれば、このうち若年層（十五〜三十九歳）が五十四万一千人。中高年（四十〜六十四歳）が六十一万三千人だ。半数以上が中高年なのである。

家に引きこもる理由は多種多様だ。発達障害、いじめや差別、就職や仕事の失敗、精神疾患……。引きこもっているうちに、本人が抱えている問題が雪だるま式に膨れ上がっていくこともある。

親に経済的、時間的な余裕、それに相当の忍耐力がなければ、引きこもりの子供の生活を支えることはできない。だが、そんな親も、年齢を重ねるにつれていつかは限界に達する。退職して収入源を失い、体力がなくなれば、子供への支援ができなくなる。その果てに起こる悲しい出来事の一つが、今回のような事件なのである。

この事件でやるせないのは、加害者である父親が、被害者である長男に深い愛情を注ぎ、二十五年にわたって自分のことを二の次にして支援に尽力していたことだ。多くの親があきらめて見捨てるところを、彼は歯を食いしばり、けなげなほどに尽くした。

しかし、結果から見れば、その献身的な姿勢が事件の引き金になったと言える。父親はすべての責任を背負うあまり、妻や娘ら家族を助けようとして誤った判断をした。追いつめられた際に「もう殺すしかない」と考えてしまったのである。

どうすればよかったのかを軽々しく言うことはできない。父親の支援がなければ、長男は早い段階で路頭に迷って他人に迷惑を掛けていたかもしれないし、妻の方が家庭内暴力に耐えかねて自ら命を絶っていたかもしれない。父親の、文字通り身を砕くほどの努力が望まぬ結果を生んでしまっただけなのだ。

彼に実刑を下すべきだったかどうかは意見の分れるところかもしれない。一つ光があるとするならば、遺された家族の思いだろう。公判では、母親も長女も自分たちを守ろうとしてくれた父親に同情し、出所の日が来るのを待ちわびていると語っていた。再会した家族は、残された時間をどう過ごすのだろうか。

3 貧困心中

経済格差も現代日本における大きな社会問題だ。コロナ禍は、社会の格差をこれまで以上に広げたと言われている。

実際に警察庁の発表によれば、三十代から六十代の現役世代の自殺の原因として「健康問題」に次いで多いのが「経済・生活問題」となっている。つまり貧困によって死に追い詰められているのだ。

本件の加害男性はリーマンショックによる不況の中で借金を背負い、母親を巻き込んで心中を図った。ただ彼の人生をたどっていくと、その原因がかならずしも不況による経済問題だけではなかったことが垣間《かいま》見《み》える。

多くの人が思うのは次のような疑問ではないか。

「なぜ、男性は生活が破綻《はたん》した時、母親を福祉施設に預けるなどの対処をせず、心中することを選んだのか」

障害者手帳をもらっている母親であれば、行政のサポートを受けながら最低限の老後を過ごすことができたはずだ。

男性が判断を誤った背景には、幼少期に受けた育児放棄や暴力があると推測できる。男性はそのせいで極端に内向的な性格になり、母親を心の拠《よ》り所《どころ》にするようになった。だから生活が借金で行きづまってからも、母親から離れることができず、心中の道を選んだのだ。

結果として、母親だけが死亡し、男性が生き残ったのは、本人もまったく予期していなかったはずだ。公判後に男性と手紙でやり取りした限りでは、一人で生きていく術《すべ》がわからず、今後進んでいく道を探しあぐねているようだった。彼にとって本当の試練は、母親亡《な》き世の中を一人でどうやって歩んでいくのかということだろう。

4　家族と精神疾患

うつ病など精神疾患の患者の数は年々増えており、現在は四百二十万人以上いるとされている。二〇一一年には約三百二十万人だったので、わずか十年で百万人も患者が増加しているのだ。

人は心を病むことで論理的な判断力を失ってしまう。中には感情を抑え切れずに暴力を振るう、絶望感が増幅して自殺を図るといった行為に及ぶ人がいる。難しいのが、病院で処方された薬を飲んだからと言って、劇的な改善が見られるわけではないということだ。中にはまったく効果が出ない、副作用で苦しむ、という人もいる。

本件では、両親と次女が三人で協力して、なんとか病気の長女との共同生活を成り立たせていた。だが、三人にはいつかどこかで現在の生活が破綻するという共通認識があった。そうならないようにするには、医療の力を借りて長女の病状を改善させるしかなかった。

しかし、医療の側が家族の期待に応《こた》えるのは容易ではない。医療側の本音としては、こうした患者を完治させるのはもちろん、受け入れることさえ厳しいのだ。主な理由は次のようなことだ。

・病院には、治療を嫌がる患者の自由を一方的に奪う権限がない。
・薬物療法によって精神疾患が完治するとは限らない。
・他の患者や職員にとって、問題を起こす患者は負担になる。

病院の精神科の経営は赤字であることが多い上、職員にとってもストレスが大きな職場だ。薬物療法がかならずしも効果をあげるわけでもない。ゆえに、問題を起こす可能性のある患者を長期にわたって入院患者として受け入れて、職員や他の患者のストレスが増大することを快く思わない。

家族は病院に面倒をみてもらえなければ、自分たちだけで患者を支えなければならなくなる。本件の家族もまた医療の十分な協力を得られず、最終的には長女を引き取らざるをえなくなった。そんな状況で両親が立て続けに病死したことで、遺《のこ》された次女らが事件を引き起こしたのだ。

似たような家庭は全国にいくつもあると思われるが、病院の受け入れ態勢も家族の協力態勢も、それぞれ異なることから、この問題に対する抜本的な解決策はない。

5　老老介護殺人

かつて高齢者の介護は子供世代の役割だった。だが、核家族が主流の現代において、高齢の配偶者が高齢の夫、妻を介護する「老老介護」は避けられないものとなっている。

老老介護は殺人に至らずとも、様々な問題を引き起こす。介護者が共倒れになる、ストレスから虐待を行う、精神的に追い詰められて自殺する……。

こうしたことが起こる要因の一つは、本件に登場するケアマネージャーが述べていたように、介護者が献身的になりすぎてしまうことだ。愛情と責任感から、無理を生じさせて心を病んでしまうのだ。真摯《しんし》に向き合うがゆえに、悲劇が生まれるのは甚だ痛ましい。他の介護問題にも当てはまることだが、こと老老介護においては、当事者が二人とも高齢であるために限界に達するまでの時間が長くない。

介護の現場では、こうした問題が起こるのを防ぐために「ケアラー（介護者）支援」の重要性が説かれている。あらゆる形の介護において、被介護者だけでなく、介護をする家族を支えることを重視する考え方だ。自治体やＮＰＯが主体となって介護者にレクリエーションの場を提供したり、ヘルパーの利用を勧めたりするような取り組みが行われている地域もある。

今後、要介護人口が増えれば増えるほど、ケアラー支援の重要性が高まるのは明らかだ。全国にこの概念をどこまで浸透させ、事業を本格化させられるかどうかが鍵《かぎ》になってくる。

６　虐待殺人

二〇二二年度に児童相談所が対応した虐待件数は約二十二万件。この数は三十二年連続で増加しており、死亡事件にまで発展したものは年間六十〜九十件ほど。ただ、すべての虐待死が明らかになっているわけではなく、日本小児科学会はその実数が三〜五倍に上ると推計している。

虐待死事件は大きく二つのパターンにわけられる。

一つ目が、親たちの常識が大いに歪《ゆが》んでいるケースだ。劣悪な状況で生まれ育ったせいか、過激な暴力を「しつけ」だと勘違いしていたり、ネグレクト（育児放棄）していても子供は勝手に育つと思い込んでいたりする。幼少期にされたことを当然だと考えてしまっている。このような誤った認識で行われる子育てが、虐待死事件を生み出すのだ（このタイプについては、拙著『「鬼畜」の家　わが子を殺す親たち』を参照のこと）。

二つ目が、今回取り上げたように、親に重度の精神疾患があるケースだ。親が病気によってまっとうな思考ができず、強迫観念に囚《とら》われたり、被害妄想を膨らませたり、怒りを爆発させたりする。そして理性を失ったまま、混乱状態の中でわが子を殺害してしまうのである（現実的には一つ目と二つ目が複雑に絡《から》み合っているケースが目立つ）。

どちらのケースも解決は容易ではない。前者に関しては、親が自身の間違いに気づいていないので行動を改めようがない。後者は、先に述べたように医療的受け皿が少なかったり、治療に長い時間が必要だったりする。事件はその狭間《はざま》で起きる。

いずれにせよ、親の特性が原因で虐待を引き起こしているのならば、親に対する支援が不可欠になってくるだろう。社会には、一定数は、子供を育てることができない人がどうしても存在するという前提に立った上で、「育児指導」「一時預かり」「家庭訪問」といった形で親を支えるシステムを作るしかない。

子供は生まれる家庭を選ぶことができない。それを不運として片づけるか、社会として支援をしていくか、私たち国民が問われている課題なのである。

7　加害者家族

『令和二年版警察白書』によれば、日本では親族間の殺人事件が一年で四百七十五件も起きている。

こうした事件が起これば、大勢の親族が当事者となる。一親等（親、子、配偶者）が平均で五人いたとすれば、年間で二千人以上になる。二親等（きょうだい、祖父母、孫）を含めれば、一万人を超すだろう。これを十年、二十年という単位で考えれば、膨大な数に上る。

なぜ殺人事件の半数を占める親族間の殺人事件の詳細が語られることが少ないのか。それは当事者となった親族たちが「加害者家族」と「被害者家族」という両方の十字架を背負わされ、誰かを責めることも、嘆くこともできずに、悲劇を抱え込んで生きることを余儀なくされるからだ。時には周りからの偏見に耐え、時には当事者となった親族に対する不信感を募らせ、時には事件を止められなかったことを悔やむ。

近親殺人の問題において、社会が取り組むべきことの一つは、期せずして巻き込まれた親族のサポートだ。

本件に登場する瞳は次のように述べていた。

「事件から私が体験した苦労を、息子にはさせたくありません。私の代ですべてに区切りをつけたいのです」

これは、多くの親族が胸に秘めている悲痛な思いとして理解した方がいいだろう。

こうして見ていくと、本書で紹介した七つの事件は、日本が抱える社会課題の写し鏡と言える。その意味で今後、これらの事件が示す問題は今以上に深刻化していくことは容易に予想できる。

二〇二〇年に起きた新型コロナウイルスの感染拡大は、未来の問題を五～十年分前倒ししたと言われている。ビジネスのあり方が変わることによる在宅ワークの増加、失業率の上昇、少子化の加速、社会保障費の急激な増大……。こうしたことが同時多発的に起きたことで、家庭が抱えている問題は以前よりも悪化した。

たとえば、家庭では家族が密になる時間が長くなったことで、劣悪な環境が深刻化し、家庭内暴力や児童虐待が起きやすい状況になったとされている。被害者の大半を占める女性や子供は、他に逃げ場所がなければ精神的に追いつめられていくだけだ。

そうしたことが一因となって、同年の夏に起きた新型コロナウイルスの第二波以降、女性や若者の自殺率が急増し、今なおその傾向はつづいている。また、高齢の親が失業して経済力を失えば、引きこもりや精神疾患の子供の生活を維持することができなくなるし、経済的な理由や制度上の理由で福祉サービスを受けにくくなれば介護者の負担が大きくなって虐待や心中が起きやすくなることは容易に想像がつく。長らく経済が停滞する中で少子高齢化が進む日本では、今後さらに拍車がかかると予想できる。

　こうした課題に打開策はあるのか。

　個々の置かれている立場が異なるので、すべてに当てはまる魔法のような解決手段はない。だが、七つの事件を通して見える重要なポイントが、大きく二つある。

　一つ目は、事件を起こす当事者には、困難な事態を自分で解決する能力が失われているという点だ。本書で、加害者が事件を起こした当日の精神状態を思い起こしていただきたい。ほとんどの加害者がうつ病などによって心を病んでいる。

　彼らは理性を失い、これをすれば問題を回避できるとか、この人に相談すれば別の解決策が得られるというような、別の角度からの思考ができなくなっている。絶望、焦燥、悲嘆、孤立、後悔、自責といった感情が入り乱れ、パニックであるがゆえに、そこから逃げる方法として「殺人」あるいは「心中」を選んでしまう。

これは自殺のケースに非常によく似ている。精神医学の研究によれば、自殺者の九割はうつ病等の精神疾患によって客観的な思考を奪われ、死ぬしかないという思いに囚われて命を絶つという。

近親殺人も似たようなことが当てはまる。自分を殺すか、他者を殺すか、あるいは他者を巻き込むかの違いはあれ、心を病んで死にとりつかれてしまうという点においては自殺のプロセスと同じだ。いったん死へ進みはじめれば、本人だけの力では止めることができなくなる。

だからこそ、事件の発生を防ぐためには、第三者の関与が不可欠なのだ。当事者が自制心をなくしている以上、第三者が入り、別の解決策を示し、そこへ導かなくてはならない。あるいは、当事者がそこまで追いつめられる前に負担を和らげる状況をつくらなければならない。自助努力だけではどうにもならないのだ。

二つ目が、事件が起こる場合、ほとんどのケースで介護や育児の困難といった主な問題とは別に、その家族固有の伏線があるということだ。

「1　介護放棄」では、家族が同居しつつも、母親と長女の関係は十年以上前から破綻していた。そこに介護の負担が加わったことで、余計に関係性がこじれて憎悪や復《ふく》讐《しゅう》の気持ちが生まれ、介護放棄に至った。

「2　引きこもり」では、父親と統合失調症の息子だけならやっていけたかもしれない。だが、母親は息子による家庭内暴力のせいで精神を病み、自殺願望を抱くまでになっていた。そのため、父親は「妻が自殺に追い込まれるくらいなら」と考えて息子を殺害した。

こうしてみると、単に介護のストレスから事件が起きたわけではなく、それ以外の伏線が絡み合って問題を複雑化し、加害者が「放置しよう」「殺すしかない」と考えるに至ることがわかる。

「介護をしている家庭がみな殺人をするわけではない」とか「すべての親が虐待をするわけではない」といった言説がある。しかしもう一歩踏み込んで、ならばどのような伏線が事件の引き金になったのかを考えていくことが重要だろう。

むろん、当事者が抱えている伏線を見極めるのは簡単なことではない。今回見てきた事件がそうだったように、同居する家族さえ気がつかないことがほとんどなのだ。

だが、難しいからとあきらめてしまえば、当事者が取り残されるだけだ。本書で述べた七つの問題は、近い将来、いや数年先にはさらに深刻化し、どの家庭でも起こりうるものになるだろう。未来の社会を生きやすいものにするためには、今こそ一人ひとりがそうした問題を見つめ、考えていくことが欠かせない。ここに挙げた事件が、それを考えるきっかけになることを願っている。

最後に、取材した事件の犠牲者のご冥福《めいふく》を心からお祈り申し上げます。

この作品は令和三年五月新潮社より刊行された。

長谷川博一著

殺人者はいかに誕生したか

―「十大凶悪事件」を獄中対話で読み解く―

世間を震撼させた凶悪事件。刑事裁判では分からない事件の「なぜ」を臨床心理士の立場から初めて解明した渾身のノンフィクション。

ブレイディみかこ著

ＴＨＩＳ　ＩＳ　ＪＡＰＡＮ

―英国保育士が見た日本―

労働、保育、貧困の現場を訪ね歩き、草の根の活動家たちと言葉を交わす。中流意識が覆う祖国を、地べたから描くルポルタージュ。

ブレイディみかこ著

ぼくはイエローでホワイトで、ちょっとブルー

Ｙａｈｏｏ！ニュース｜本屋大賞ノンフィクション本大賞受賞

現代社会の縮図のようなぼくのスクールライフは、毎日が事件の連続。笑って、考えて、最後はホロリ。社会現象となった大ヒット作。

本城雅人著

傍流の記者

組織の中で権力と闘え!! 大手新聞社社会部を舞台に、鎬を削る黄金世代同期六人の男たちの熱い闘いを描く、痛快無比な企業小説。

増田俊也著

木村政彦はなぜ力道山を殺さなかったのか（上・下）

大宅壮一ノンフィクション賞・新潮ドキュメント賞受賞

柔道史上最強と謳われた木村政彦は力道山との一戦で表舞台から姿を消す。木村は本当に負けたのか。戦後スポーツ史最大の謎に迫る。

国分拓著

ヤノマミ

大宅壮一ノンフィクション賞受賞

僕たちは深い森の中で、ひたすら耳を澄ました――。アマゾンで、今なお原初の暮らしを営む先住民との１５０日間もの同居の記録。

近《きん》親《しん》殺《さつ》人《じん》

家族が家族を殺すとき

新潮文庫　い-99-11

令和六年二月一日発行

著者　石《いし》井《い》光《こう》太《た》
発行者　佐藤隆信
発行所　株式会社　新潮社

郵便番号　一六二―八七一一
東京都新宿区矢来町七一
電話　編集部(〇三)三二六六―五四四〇
　　　読者係(〇三)三二六六―五一一一
https://www.shinchosha.co.jp

価格はカバーに表示してあります。

乱丁・落丁本は、ご面倒ですが小社読者係宛ご送付ください。送料小社負担にてお取替えいたします。

印刷・錦明印刷株式会社　製本・錦明印刷株式会社

ISBN978-4-10-132541-5 C0195